Windows 7 L'Essentiel 2e édition pour LES NULS

Andy Rathbone

FIRST
Interactive

Windows 7 L'Essentiel Pour les Nuls, 2e édition

Collection dirigée par Jean-Pierre Cano
Traduction : Bernard Jolivalt
Adaptation : Anne Le Boters
Maquette et illustration : MADmac

Edition française publiée en accord avec Wiley Publishing, Inc.

Éditions First
60 rue Mazarine
75006 Paris
Tél. : 01 45 49 60 00
Fax : 01 45 49 60 01
e-mail : firstinfo@efirst.com
ISBN : 978-2-7540-3668-9
Dépôt légal : 1er trimestre 2012
Imprimé en Italie

Sommaire

Introduction

Bienvenue dans *L'Essentiel – Windows 7 Pour les Nuls*. Dans ce livre, comme son nom l'indique, rien de superflu et le minimum de bla-bla : vous ne trouverez que les informations qui vous sont essentielles pour profiter au mieux de Windows 7 avec votre ordinateur.

De quoi parle ce livre ?

Windows, c'est le cœur de votre PC. Ou plus exactement, c'est son *système d'exploitation*, qui permet de réaliser toutes ces tâches magiques avec un ordinateur : manipuler des fichiers, surfer sur le Web, envoyer du courrier électronique, retoucher des photos, etc. Windows 7 est la toute dernière version en date, et regorge de surprises encore plus nombreuses. Vous rêvez certainement d'en faire un allié pour profiter au maximum de votre PC. C'est presque chose faite grâce à ce livre, qui vous propose en douze chapitres un tour des possibilités offertes par Windows 7.

À qui s'adresse ce livre ?

Ce livre s'adresse aux lecteurs qui possèdent un ordinateur équipé de Windows 7, sans rien y connaître. Si vous avez déjà utilisé les anciennes versions de Windows (XP ou Vista), vous ne serez pas complètement dépaysé et apprendrez à utiliser cette toute nouvelle version, avec son lot de fonctions nouvelles. Si vous n'avez pas encore de PC, vous pouvez lire l'ouvrage *L'Essentiel – Le PC Pour les Nuls*.

Que contient ce livre ?

Ce livre est constitué de douze chapitres qui vont vous permettre de maîtriser rapidement Windows 7.

Dans le premier chapitre, faites le tour du propriétaire : découvrez les éléments constitutifs de Windows 7 que vous utiliserez quotidiennement. Apprenez ensuite dans les chapitres 2 et 3 à manipuler les fenêtres et les dossiers, puis dans le chapitre 4 à utiliser des programmes et des documents. Imprimez ces derniers grâce au chapitre 5. Il sera alors temps de partir à l'assaut d'Internet et du Web dans le chapitre 6, puis d'échanger des messages de courrier électronique au chapitre 7. Pour éviter les tracas de sécurité, lisez le chapitre 8. Besoin de détente ? Profitez de la musique, de la photo et de la vidéo grâce aux chapitres 9 et 10. Enfin, apprenez à personnaliser et dépanner Windows aux chapitres 11 et 12.

Vous croiserez de temps en temps des paragraphes comme le suivant. N'hésitez pas à les lire !

Ce type de paragraphe fournit des conseils, des trucs ou encore des informations complémentaires en lien avec le sujet traité.

Le tour du propriétaire

Chapitre 1

Dans ce chapitre :

- Démarrer Windows 7
- Saisir un mot de passe
- Se connecter à Windows 7
- Le Bureau et autres fonctionnalités
- Se déconnecter de Windows 7
- Éteindre l'ordinateur

Ce chapitre propose un tour du propriétaire de Windows 7. Vous allumez l'ordinateur, démarrez Windows puis vous consacrez quelques minutes à regarder bêtement ce qui s'y trouve : le Bureau, la barre des tâches, le menu Démarrer et la Corbeille (vous pourrez y déposer délicatement les fichiers dont vous ne voulez plus, mais pas vos vieux chewing-gums longuement mâchouillés).

Bienvenue dans le monde de Windows 7 !

Pour démarrer Windows 7, il suffit d'allumer l'ordinateur. Mais avant de pouvoir l'utiliser, il est possible qu'il affiche l'écran de la Figure 1.1, qui vous invite à vous connecter au compte à votre nom.

Figure 1.1 : Cet écran s'affiche au démarrage de Windows si vous avez défini un mot de passe, ou si plusieurs utilisateurs ont été définis sur cet ordinateur.

Les images qui illustrent le ou les noms d'utilisateurs peuvent être différents – l'écran d'accueil est en effet personnalisable avec des portraits –, mais quoi qu'il en soit, trois cas de figure peuvent se présenter :

- **Si l'ordinateur est tout neuf, vous utilisez le compte nommé Administrateur :** Conçu pour donner tous les pouvoirs à l'utilisateur, le compte Administrateur permet de configurer d'autres comptes pour d'autres personnes, d'installer des programmes, d'établir une connexion Internet et d'accéder à tous les fichiers de l'ordinateur, même à ceux appartenant à d'autres utilisateurs. Windows 7 exige qu'une personne au moins agisse en tant qu'administrateur.

- **L'utilisation du compte Invité :** Ce compte a été créé pour les personnes qui séjournent chez vous – des parents ou des amis, la baby-sitter… – et qui n'utilisent l'ordinateur que sporadiquement. Le compte Invité est activé et désactivé dans la zone Ajouter ou supprimer des comptes d'utilisateurs.
- **Pas de compte Invité ni de compte d'utilisateur :** Demandez au propriétaire de l'ordinateur de créer un compte d'utilisateur à votre nom.

Configurer les comptes d'utilisateurs

Windows 7 permet à plusieurs personnes d'utiliser l'ordinateur tout en séparant nettement leurs activités. Pour cela, il doit savoir qui vient de s'installer devant le clavier. Quand vous vous connectez – autrement dit, quand vous vous annoncez – en cliquant sur un nom d'utilisateur, comme à la Figure 1.1, Windows 7 affiche votre Bureau personnalisé, où vous mettrez votre pagaille bien à vous.

Votre travail terminé, déconnectez-vous, comme expliqué plus loin, afin que quelqu'un d'autre puisse à son tour utiliser l'ordinateur. Quand vous vous reconnecterez avec votre compte, vous retrouverez le Bureau dans l'état où vous l'aviez laissé.

Protéger la confidentialité de votre compte avec un mot de passe

Comme Windows 7 permet à plusieurs personnes d'utiliser le même ordinateur, comment empêcher William de lire les mots doux que Roméo envoie à Juliette ? Comment faire en sorte que Chloé n'efface pas la collection de bandes-annonces de *La Guerre des Étoiles* de Kevin en représailles de l'effacement par ce dernier de tous les épisodes des Bisounours de Chloé ? Pour éviter ces conflits, Windows 7 permet d'attribuer un mot de passe facultatif à chaque compte.

Saisir le mot de passe, comme à la Figure 1.2, permet à l'ordinateur de s'assurer que la personne qui veut se connecter est bien la bonne (pas l'aide-ménagère, mais la bonne personne, bien que l'aide-ménagère puisse aussi avoir un compte d'utilisateur). Ainsi, personne n'ira farfouiller indûment dans les fichiers d'autrui, exception faite de l'administrateur de l'ordinateur, qui bénéficie d'un accès total à tout l'ordinateur et peut même supprimer des comptes.

Figure 1.2 : Un mot de passe empêche d'aller voir vos fichiers.

Procédez comme suit pour définir ou modifier votre mot de passe :

1. **Cliquez sur le bouton Démarrer puis sur Panneau de configuration.**

2. **Dans le panneau de configuration, cliquez sur Comptes et protection utilisateurs, puis sur Modifier votre mot de passe Windows.**

   Si le contenu du Panneau de configuration est affiché sous forme d'icônes – une présentation à l'ancienne –, cliquez sur l'icône Comptes d'utilisateurs.

3. **Cliquez, soit sur Créer votre mot de passe, soit sur Changer votre mot de passe.**

   L'appellation exacte dépend de l'absence de mot de passe ou de l'existence d'un mot de passe.

4. **Saisissez un mot de passe facile à mémoriser par vous, mais difficile à deviner par autrui.**

> Choisissez un mot de passe bref et simple, comme votre fleur préférée ou le genre de roman que vous affectionnez. Pour réduire les chances de le deviner, agrémentez-le d'un chiffre : **6roses** ou **eau2rose**.

5. **Si cela vous est demandé, retapez le même mot de passe dans le champ Confirmer le nouveau mot de passe, afin que Windows s'assure que vous n'avez pas commis de faute de frappe.**

6. **Saisissez un pense-bête qui vous mettra sur la voie – vous seulement – si vous avez oublié le mot de passe.**

7. **Cliquez sur le bouton Créer le mot de passe.**

8. **Dans le volet de gauche de l'écran de configuration du compte d'utilisateur, cliquez sur Créer un disque de réinitialisation de mot de passe.**

   Windows démarre un Assistant Mot de passe perdu permettant d'utiliser une clé USB, une carte mémoire ou une disquette pour réinitialiser le mot de passe.

Dès lors qu'un mot de passe a été créé, Windows 7 vous le demandera chaque fois que vous voudrez utiliser l'ordinateur.

- Le mot de passe différentie les majuscules des minuscules. Pour Windows, *rose* et *Rose* sont deux mots différents.
- Vous avez oublié votre mot de passe ? Si le mot de passe que vous venez de saisir est erroné, Windows affiche l'indication qui vous mettra sur la voie. Voilà pourquoi cet indice ne doit avoir du sens que pour vous. En dernier recours, introduisez le disque de réinitialisation du mot passe.

Utiliser le Bureau

Windows 7 s'ouvre la toute première fois sur un Bureau presque vide. Mais au fur et à mesure que vous travaillerez, il se remplira d'icônes : des petits boutons sur lesquels vous double-cliquez pour ouvrir un fichier. Certaines personnes couvrent leur Bureau d'icônes pour faciliter l'accès aux fichiers et aux programmes. D'autres, plus organisées, stockent les icônes dans des *dossiers,* comme expliqué au Chapitre 3.

Le Bureau contient quatre types d'éléments, ainsi que le montre la Figure 1.3.

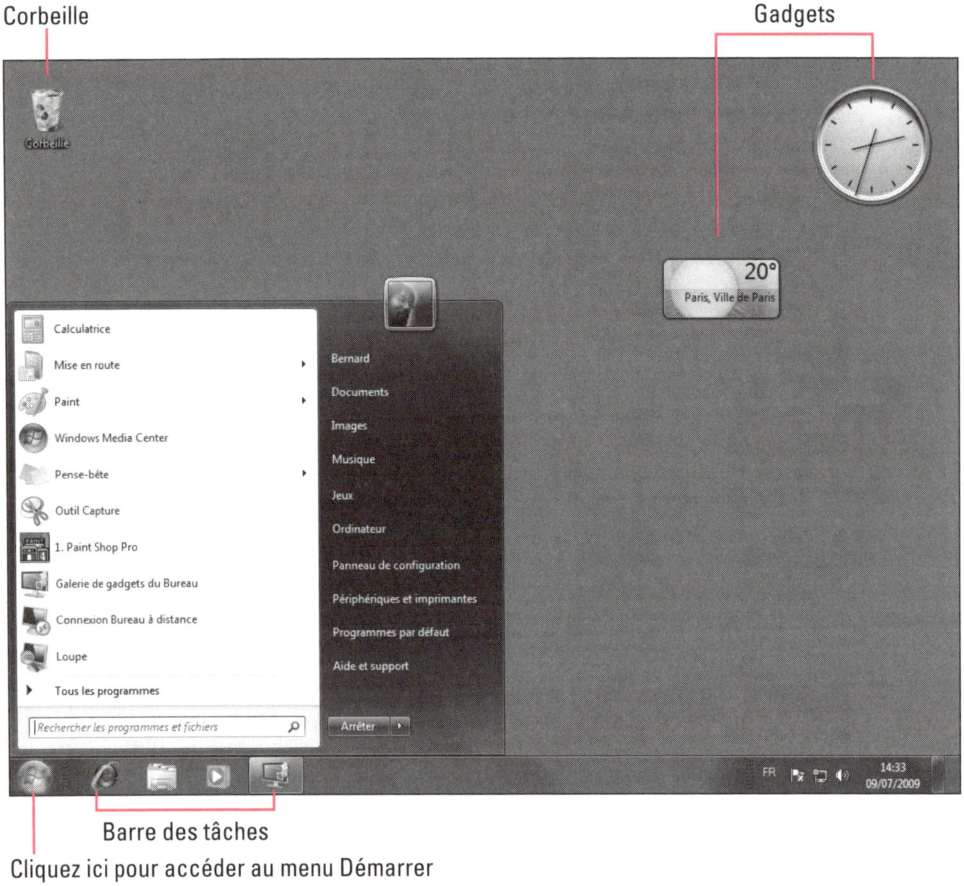

Figure 1.3 : Le Bureau de Windows 7 contient quatre types d'éléments : le bouton Démarrer, la barre des tâches, la Corbeille et les gadgets facultatifs.

- **Le menu Démarrer :** Placé en bas à gauche du Bureau, le menu Démarrer permet de choisir un programme ou d'accéder à des dossiers.

- **La barre des tâches :** S'étirant mollement au pied de l'écran, la barre des tâches contient les programmes, fichiers et dossiers actuellement ouverts. Immobilisez le pointeur de la souris pour voir s'afficher le nom de l'élément ainsi que, généralement, une miniature montrant son contenu.

- **La Corbeille :** Vous y déposez les éléments devenus obsolètes dont vous voulez vous débarrasser.
- **Les gadgets :** Ce sont des petits programmes collés sur le Bureau comme des magnets sur un réfrigérateur (ce sont les mêmes que ceux qui se trouvaient dans le Volet Windows de Vista). Ils affichent l'heure, la météo, un calendrier…

Jetez-moi ça à la Corbeille !

La Corbeille qui se trouve dans un coin du Bureau fonctionne comme une véritable corbeille à papiers : vous y déposez les documents dont vous n'avez plus besoin, mais vous pouvez en extraire ceux qui, finalement, ne devaient pas être jetés… sauf si quelqu'un a vidé la Corbeille entre-temps.

Un fichier ou un dossier peut être mis à la Corbeille de diverses manières :

- En cliquant dessus du bouton droit et en choisissant Supprimer, dans le menu contextuel. Windows prend la précaution de vous demander si vous voulez vraiment placer l'élément dans la Corbeille. Cliquez sur Oui et il disparaît aussitôt.
- Pour une suppression encore plus rapide, cliquez sur l'élément et appuyez sur la touche Suppr.
- NdT : Vous pouvez aussi cliquer sur l'élément puis, bouton de la souris enfoncé, le faire glisser jusque sur l'icône de la Corbeille. Mais dans ce cas, contrairement aux deux autres, Windows 7 ne demande pas confirmation.

Vous voulez récupérer un élément que vous avez jeté ? Double-cliquez sur la Corbeille et vous y trouverez tout ce que vous avez supprimé. Cliquez du bouton droit sur l'élément à récupérer et choisissez Restaurer. Windows le remet exactement à l'endroit où il était. Vous pouvez aussi cliquer sur un élément puis, bouton de la souris enfoncé, le tirer hors de la Corbeille et le déposer sur le Bureau ou dans un dossier de votre choix.

Pour supprimer définitivement un élément, supprimez-le à l'intérieur de la Corbeille : cliquez dessus et appuyez sur la touche Suppr. Pour supprimer tout le contenu de la Corbeille, cliquez dedans du bouton droit et choisissez Vider la Corbeille.

L'icône de la Corbeille est celle d'un panier vide ou celle d'un panier débordant de papiers, si le moindre fichier ou dossier y a été déposé.

Tout commence par le bouton Démarrer

Le beau bouton bleu Démarrer se trouve dans le coin inférieur gauche du Bureau, où il est disponible en permanence. Cliquer dessus permet de démarrer des programmes, de paramétrer Windows, de trouver de l'aide en cas de problème et, fort heureusement, d'éteindre l'ordinateur et retrouver une vraie vie.

Cliquez une seule fois sur le bouton Démarrer et une pile de menus surgit, comme le montre la Figure 1.4.

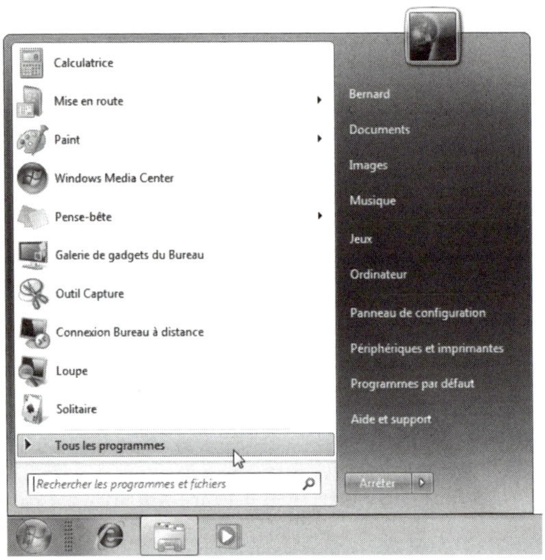

Figure 1.4 : Le menu Démarrer permet d'accéder à tous les programmes de l'ordinateur.

Le menu Démarrer change au fur et à mesure que vous installez des logiciels dans l'ordinateur. C'est pourquoi le menu Démarrer de quelqu'un d'autre sera probablement différent du vôtre.

- Les dossiers Documents, Images et Musique se trouvent à un clic de distance, dans le menu Démarrer. Ils ont été conçus en fonction de leur contenu. Par exemple, le menu Image affiche d'office des vignettes de vos photos numériques. Comme ces dossiers sont thématiques, ils facilitent le classement de vos fichiers et vous permettent de les retrouver plus facilement. L'organisation des fichiers est étudiée au Chapitre 3.

- Windows place systématiquement les programmes les plus utilisés dans le volet de gauche afin d'y accéder rapidement. Remarquez la petite flèche à droite de certains programmes, dans la Figure 1.4 :

cliquez dessus déploie un volet contenant la liste des derniers fichiers utilisés avec ce programme.

- Remarquez aussi le bouton Tous les programmes, en bas à gauche du menu Démarrer. Cliquez dessus et vous accédez à tous les programmes – les logiciels, si vous préférez – installés dans l'ordinateur. Cliquez sur le bouton Précédent, qui vient de remplacer Tous les programmes, pour revenir à la première liste.

- Assez bizarrement, vous devez cliquer sur le bouton Démarrer pour arrêter l'ordinateur. Vous cliquez ensuite sur le menu Arrêter, comme expliqué à la fin de ce chapitre.

Les boutons du menu Démarrer

Le menu Démarrer est fort opportunément divisé en deux parties : l'une contenant des icônes, l'autre des mots. La partie gauche change constamment selon les programmes que vous utilisez. Les plus fréquemment utilisés se trouvent éventuellement en haut de la pile.

En revanche, la partie de droite est immuable. Chaque terme est en fait un bouton qui donne accès à un emplacement spécial de Windows :

- **Votre nom :** Le nom du compte d'utilisateur est mentionné en haut à droite du menu Démarrer. Cliquez dessus pour accéder aux dossiers que vous utilisez le plus : Favoris, Liens, Ma musique, Mes documents, Mes images, Mes vidéos et Téléchargements.

- **Documents :** Cette commande montre aussitôt le contenu de la Bibliothèque Documents. C'est dire combien il est important d'enregistrer votre travail à cet endroit.

- **Images :** C'est là que se trouvent vos photos numériques et vos images. Chacune est présentée sous la forme d'une miniature. Vous ne les voyez pas ? Appuyez sur la touche Alt pour faire apparaître la barre de menus, puis cliquez sur Affichage > Grandes icônes.

- **Musique :** Placez vos morceaux ici afin que le Lecteur Windows Media puisse les trouver.

- **Jeux :** Bon nombre des jeux vidéo de Vista se retrouvent dans Windows 7. InkBall a cependant été abandonné tandis qu'Atout Pique ainsi que Backgammon sur Internet, qui permettent tous deux de jouer avec des concurrents du monde entier, ont été ajoutés.

- **Ordinateur :** Cette option affiche les unités de stockage de l'ordinateur, à savoir les dossiers, disques durs, lecteurs de CD, appareils photo numériques, clés USB, ordinateurs du réseau et autres emplacements d'éléments très utilisés.

- **Panneau de configuration :** La tripotée de liens qu'il contient permet de régler quantité de paramètres pour le moment ésotériques, comme vous le découvrirez au Chapitre 11.
- **Périphériques et imprimantes :** Vous trouverez ici les équipements – ou « périphériques », en jargon informatique – connectés à votre ordinateur. Ce sont essentiellement l'imprimante, la souris, le clavier et autres accessoires. Ceux signalés par un point d'exclamation jaune dans une icône ronde nécessitent un dépannage. Cliquez dessus du bouton droit et choisissez Résolution des problèmes.
- **Programmes par défaut :** Cliquez ici pour savoir quel programme est associé à tel ou tel fichier, et doit être démarré en double-cliquant sur le fichier en question. En informatique, ce qui est « par défaut » est ce que l'ordinateur prend l'initiative de choisir.
- **Aide et support :** Vous vous posez une question ? Cliquez sur ce bouton pour accéder à l'aide Windows.

- **Arrêter :** Cliquez sur ce bouton pour éteindre votre PC. Ou alors, cliquez sur le petit bouton fléché, juste à sa droite, pour changer d'utilisateur, fermer la session, verrouiller l'ordinateur, le redémarrer ou le mettre en veille. Toutes ces options sont expliquées dans la dernière section de ce chapitre.
- **Rechercher les programmes et fichiers :** Placé juste au-dessus du bouton Démarrer, ce champ permet de localiser un fichier en saisissant tout ou partie de son nom ou d'un mot qui se trouve dans un fichier de texte, un courrier électronique, dans le titre d'un morceau, bref quasiment n'importe où. Appuyez sur Entrée et Windows 7, la truffe frétillante se lance sur la piste du fichier égaré.

Charger un programme depuis le menu Démarrer

C'est tout ce qu'il y a de plus facile : cliquez sur le bouton Démarrer. Le menu Démarrer apparaît. Si l'icône du programme s'y trouve, cliquez dessus et Windows charge le programme.

Mais si le programme ne s'y trouve pas, cliquez sur le bouton Tous les programmes, en bas du panneau. Un nouveau menu apparaît, contenant des noms de programmes et des dossiers contenant également des programmes. Vous avez trouvé votre programme ? Cliquez sur son nom et il s'ouvre à l'écran (voir Figure 1.5).

Comment ? Vous n'avez toujours pas trouvé le programme ? Cherchez-le dans les petits dossiers du menu Tous les programmes. Cliquez sur l'un d'eux pour déployer son contenu juste en dessous.

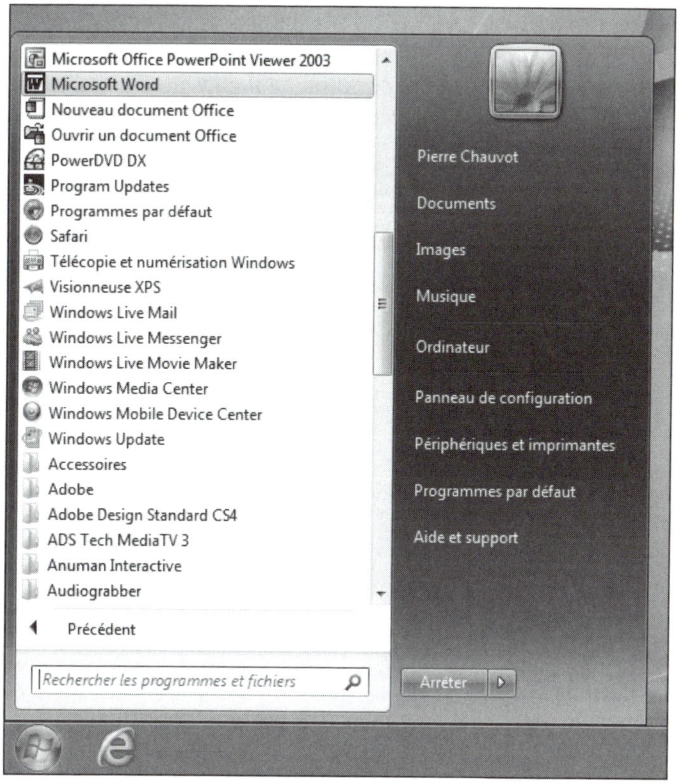

Figure 1.5 : Cliquez sur le programme que vous souhaitez ouvrir.

Quand vous aurez enfin trouvé le programme, cliquez sur son nom et vous pourrez l'utiliser.

Utiliser la barre des tâches

L'une des nouveautés les plus appréciables de Windows 7 est peut-être sa barre des tâches entièrement revue. Chaque fois que vous ouvrez plusieurs fenêtres sur le Bureau, elles ont tendance à se recouvrir les unes les autres, ce qui les rend parfois difficiles à localiser. Ce qui n'arrange rien est que des programmes comme Internet Explorer ou Microsoft Word peuvent ouvrir plusieurs fenêtres simultanément. Comment mettre un peu d'ordre dans ce déferlement ?

La solution réside dans la barre des tâches, une zone particulière qui conserve une trace de tous les programmes en cours et de leurs fenêtres. Elle se trouve en bas de l'écran et contient une miniature de chaque élément qui est stocké, comme le révèle la Figure 1.6. Son contenu est constamment à jour, et elle sert aussi de réceptacle pour les programmes auxquels vous désirez accéder d'un seul clic.

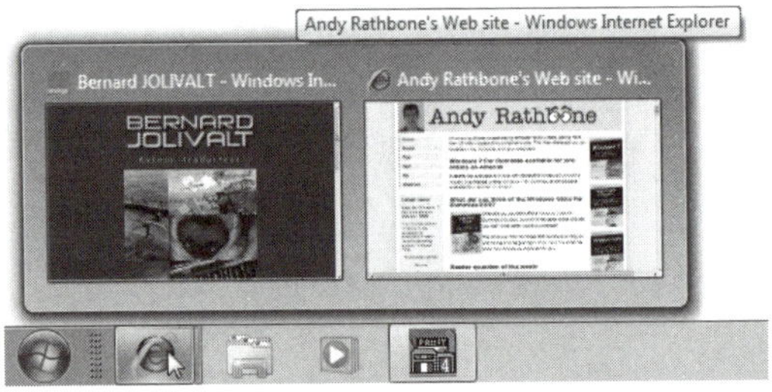

Figure 1.6 : Les programmes actifs sont affichés sous forme de miniatures.

Immobilisez le pointeur de la souris au-dessus d'un programme dans la barre des tâches pour afficher son nom et/ou une miniature montrant son contenu.

À partir de la barre des tâches, vous pouvez exécuter toutes les actions qui suivent :

- Pour activer un programme présent dans la barre des tâches, cliquez sur son icône. Sa fenêtre s'ouvre aussitôt à l'écran, par-dessus les autres fenêtres, prête à être utilisée.
- Chaque fois que vous démarrez un programme, son nom apparaît dans la barre des tâches. Si vous ne retrouvez plus une fenêtre à l'écran, cliquez sur son nom dans la barre des tâches pour la faire apparaître par-dessus toutes les autres.
- Pour fermer une fenêtre dans la barre des tâches, cliquez du bouton droit sur son icône et dans le menu, choisissez Fermer la fenêtre. Le programme s'arrête comme si vous aviez cliqué la commande Quitter (le cas échéant, il propose d'enregistrer le ou les fichiers qui ne l'ont pas encore été).
- La barre des tâches se trouve habituellement en bas du Bureau, mais vous pouvez l'ancrer contre n'importe quel bord de l'écran. Il suffit de cliquer dessus puis tirer le pointeur de la souris jusqu'à un autre bord ; la barre se déplace en un clin d'œil. Si cela ne

fonctionne pas, cliquez du bouton droit sur la barre et assurez-vous que l'option Verrouiller la barre des tâches n'est pas cochée.

- Si la barre a disparu en bas de l'écran, approchez le pointeur de la souris jusqu'à ce qu'elle refasse surface. Puis cliquez dessus du bouton droit, choisissez Propriétés et décochez la case Masquer automatiquement la Barre des tâches.
- La barre Lancement rapide – une petite zone réservée aux programmes préférés, dans les versions antérieures de Windows – a disparu de la nouvelle barre des tâches, car les programmes peuvent désormais être placés directement dessus : cliquez du bouton droit sur l'icône d'un programme et choisissez Épingler à la barre des tâches. L'icône reste alors en permanence dans la barre des tâches. Pour la supprimer, cliquez dessus du bouton droit et choisissez Détacher le programme de la barre des tâches.

Réduire des fenêtres dans la barre des tâches et les rouvrir

Les fenêtres engendrent des fenêtres. Vous commencez avec une seule pour écrire votre lettre à la Mère Noël dont le mari est ailleurs, et vous ouvrez une autre fenêtre pour trouver l'adresse de M. et Mme Noël, puis une autre pour savoir à combien il faut affranchir le pli… En un rien de temps, l'écran est encombré de plus de fenêtres qu'il y en a sur une tour de La Défense.

Pour éviter l'encombrement, Windows 7 permet de transformer chacune des grandes fenêtres en petite icône rangée dans la barre des tâches. Il suffit pour cela de cliquer sur le bouton Réduire.

Le bouton Réduire est un petit rectangle orné d'un trait, situé dans le coin supérieur droit de toute fenêtre. Il devient tout bleu lorsque le pointeur de la souris le survole. Cliquez et aussitôt la fenêtre se niche en bas de l'écran.

Pour qu'une fenêtre réduite dans la barre des tâches réapparaisse de nouveau à l'écran, il suffit de cliquer sur son icône. On ne fait pas plus simple.

- Pas moyen de trouver l'icône de la fenêtre à réduire ou à ouvrir dans la barre des tâches ? Chacun des boutons qui s'y trouvent arbore l'icône d'un programme. Immobilisez le pointeur de la souris dessus et Windows 7 affichera une miniature du programme, ou au moins son nom.

- Quand vous réduisez une fenêtre, vous ne perdez rien de son contenu et le programme n'est pas fermé. Quand vous rétablissez la fenêtre, elle apparaît exactement telle qu'elle était, avec le même contenu.

Passer d'une tâche à une autre avec les Jump Lists

La nouvelle barre des tâches améliorée de Windows 7 ne se contente pas de démarrer des programmes ou de passer d'une fenêtre à une autre. Elle permet aussi de passer à d'autres tâches, en cliquant du bouton droit sur une icône.

Comme le montre la Figure 1.7, cliquer du bouton droit sur l'icône d'Internet Explorer affiche une liste des sites récemment visités. Cliquez sur l'un d'eux pour y accéder immédiatement.

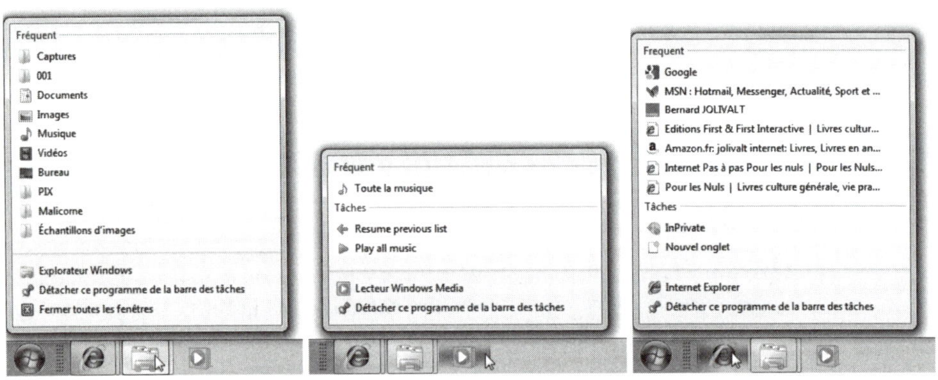

Figure 1.7 : De gauche à droite, les Jump Lists de Windows Explorer (dossiers récemment ouverts), du Lecteur Windows Media (morceaux récemment joués) et Internet Explorer (sites Web récemment visités).

Appelés Jump Lists, ces menus contextuels ajoutent une nouvelle fonctionnalité à la barre des tâches : la possibilité de passer rapidement d'une tâche à une autre, tout comme d'une fenêtre à une autre.

Les zones sensibles de la barre des tâches

À l'instar d'un bon joueur de cartes, la barre des tâches cache quelques trucs et astuces. Par exemple, nous examinerons ici les icônes regroupées dans la partie droite de la barre des tâches (voir Figure 1.8), appelée *zone de notification*. Différents éléments y apparaissent, selon le PC que vous possédez et les programmes qu'il contient.

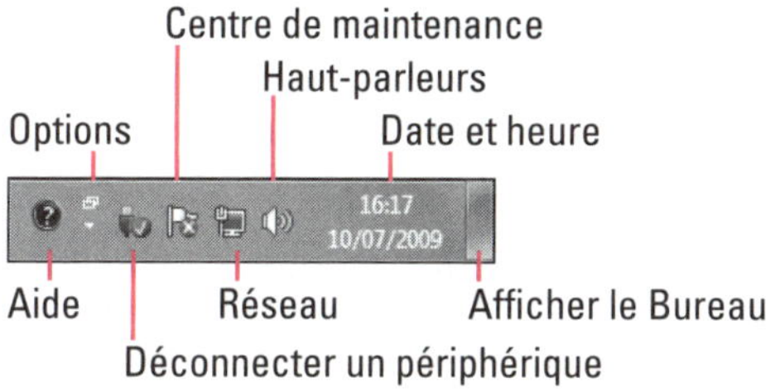

Figure 1.8 : La zone de notification, à droite dans la barre des tâches, contient les icônes des programmes tournant en tâche de fond.

Double-cliquez sur ces icônes pour lancer les programmes associés.

Des gadgets qui n'en sont pas

Les utilisateurs de Windows Vista connaissent le volet Windows, ce bandeau le long du bord droit de l'écran dans lequel il était possible de placer des mini programmes appelés « gadgets » : horloge, météo, calendrier, actualités, cours de la Bourse, *etc.*

Dans Windows 7, le volet Windows n'existe plus, mais les gadgets sont restés et surtout, ils peuvent désormais être disposés n'importe où. Pour en ajouter un sur le Bureau, cliquez du bouton droit sur une partie vide du Bureau et choisissez Gadgets. La fenêtre de la Figure 1.9 apparaît, avec sa collection de gadgets : Actions (en fait, les cours de la Bourse), Calendrier, Compteur processeur (deux cadrans indiquant l'usage du processeur et de la mémoire vive, en pourcentage), et d'autres encore.

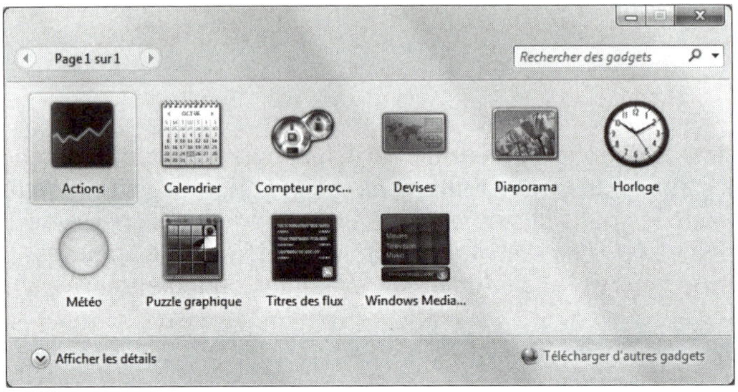

Figure 1.9 : Choisissez ici les gadgets, des mini programmes que vous laisserez en permanence sur votre Bureau.

Faites glisser un gadget de la fenêtre sur le Bureau. Celui qui vous intéresserait n'est pas affiché ? Cliquez sur le bouton Télécharger d'autres gadgets et vous accéderez à un site Web proposant des centaines de gadgets gratuits. Parmi ceux qui valent la peine d'être installés : Sytadin, qui montre en temps réel l'état du trafic routier autour de Paris et Trafic en France, qui montre le trafic dans tout le pays, ou les flux RSS de nombreux journaux et magazines. D'autres, comme le sourimètre indiquant la longueur parcourue par la souris, sont de véritables gadgets. Les gadgets doivent être téléchargés et installés comme n'importe quel programme (l'installation des programmes est expliquée au Chapitre 11).

- Placez les gadgets où vous voulez sur l'écran. Ou n'en utilisez aucun, car ils ne sont pas obligatoires.

- Pour modifier un gadget – choisir un autre modèle d'horloge, un autre dossier de photos pour le Diaporama... –, amenez le pointeur jusque sur le gadget, puis cliquez sur la petite clé à molette qui apparaît en haut à droite.

- Certains gadgets peuvent être agrandis (Compteur processeur, Titres des flux, Diaporama...), ou afficher des données supplémentaires (Calendrier, Météo...). Amenez le pointeur jusque sur le gadget, puis cliquez sur la petite flèche en haut à droite.

- Pour ôter un gadget du Bureau, amenez le pointeur jusque sur le gadget, puis cliquez sur la croix blanche, en haut à droite.

Fermer Windows

La plus plaisante de toutes les choses que l'on peut faire avec Windows 7, c'est l'éteindre quand on en a plus besoin. Vous cliquez pour cela sur le bouton Démarrer – eh oui… – ou, si la barre des tâches est masquée, appuyez sur les touches Ctrl + Echap, et cliquez sur le bouton Arrêter.

Cliquez sur le bouton Arrêter si plus personne ne compte utiliser l'ordinateur. Windows 7 enregistre tout et éteint la machine.

Si vous n'avez pas l'intention d'éteindre l'ordinateur, le petit bouton fléché à droite du bouton Arrêter propose les actions suivantes (voir Figure 1.10) :

- **Changer d'utilisateur :** Choisissez cette option si quelqu'un d'autre compte emprunter l'ordinateur pendant quelques minutes. L'écran d'accueil réapparaît, mais vos programmes ouverts sont conservés en coulisse. Quand vous reprendrez l'ordinateur, vous retrouverez tout comme vous l'aviez laissé.

- **Fermer la session :** Si vous avez fini votre travail et que quelqu'un veut utiliser l'ordinateur, cette option demande à Windows d'enregistrer vos fichiers et vos paramètres. L'écran d'accueil est réaffiché, prêt à ouvrir une session pour un autre utilisateur.

- **Verrouiller :** Choisissez cette option lorsque vous abandonnez le PC pour peu de temps (pause café à la photocopieuse…). L'image de votre compte d'utilisateur est affichée, avec le champ de saisie du mot de passe. Personne ne profitera ainsi de votre absence pour intervenir dans votre travail en cours ou examiner vos fichiers. Après avoir rentré le mot de passe, vous retrouvez le Bureau comme avant.

- **Redémarrer :** Choisissez cette option si Windows 7 fait des siennes : blocage d'un programme, lenteur anormale… L'ordinateur est réinitialisé et Windows redémarre. L'installation de certains programmes exige un redémarrage de l'ordinateur

- **Mettre en veille prolongée :** Cette option enregistre votre travail dans la mémoire vive du PC et aussi sur le disque dur, puis il plonge le PC dans une profonde léthargie, en mode d'économie, où il fonctionne au ralenti. Quand vous appuyez sur une touche, Windows 7 réaffiche aussitôt le Bureau, les programmes et Windows comme si rien ne s'était passé. Sur un ordinateur portable, la mise en veille prolongée n'enregistre le travail que dans la mémoire. Si la charge de la batterie baisse dangereusement, Windows recopie le contenu de la mémoire sur le disque dur et éteint l'ordinateur.

- **Mettre en veille :** Présente sur quelques portables, cette option copie le travail en cours sur le disque dur puis elle éteint le PC. Ce processus est plus gourmand en énergie que le mode Mettre en veille prolongée. Il est aussi plus lent à réafficher votre travail tel qu'il était au moment de la mise en veille.

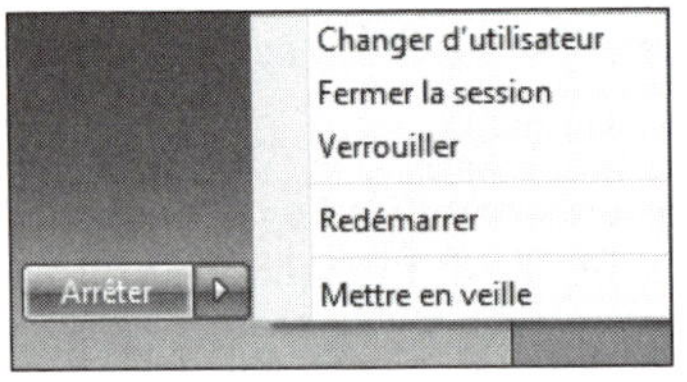

Figure 1.10 : Les options du bouton Arrêter.

Quand vous indiquez à Windows 7 que vous allez quitter, il vérifie dans chaque fenêtre ouverte si le contenu a été enregistré. S'il trouve un fichier non enregistré, il vous propose de le faire en cliquant sur OK. Pas de risque, donc, de perdre un travail en cours.

Les rouages de Windows

Chapitre 2

Dans ce chapitre :

- Les différents éléments de Windows
- Boutons, barres et ascenseurs
- Trouver et utiliser les menus
- Les nouveaux volets de navigation et de visualisation
- Parcourir un document dans une fenêtre
- Déplacer des fenêtres et modifier leur taille

Ce chapitre s'adresse à ceux qui aiment bien décortiquer le fonctionnement de ce qu'ils utilisent. Vous apprendrez ici ce qui se passe derrière tous les boutons, fenêtres, barres et bordures de Windows 7 et ce qui se produit lorsque vous cliquez dessus.

Dans ce chapitre un peu rébarbatif, une fenêtre ordinaire – celle du dossier Documents, souvent utilisée – est placée sur la table de dissection. Chaque partie mise à part est minutieusement expliquée. Vous découvrirez le fonctionnement de chacune d'elles et apprendrez les procédures requises pour les exploiter.

Dissection d'une fenêtre typique

La Figure 2.1 place une fenêtre typique sur la table de dissection. Il s'agit de celle du dossier Documents – le lieu de stockage de la majeure partie de votre travail –, dont tous les éléments sont étiquetés.

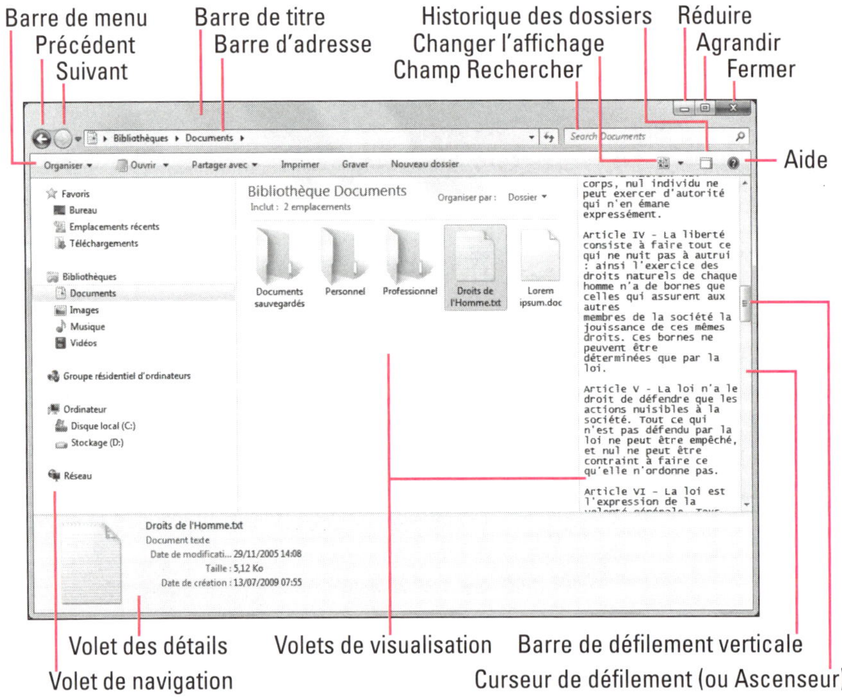

Figure 2.1 : Voici les termes officiels décrivant les diverses parties d'une fenêtre de Windows.

La barre de titre d'une fenêtre

Située en haut de presque chaque fenêtre, la barre de titre mentionne le nom du programme et celui du fichier en cours. La Figure 2.2 montre celles de deux traitements de texte : WordPad (en haut) et le Bloc-notes (en bas). Dans les deux cas, les fichiers n'ont pas encore été enregistrés, d'où leur nom respectif Sans-titre et Document.

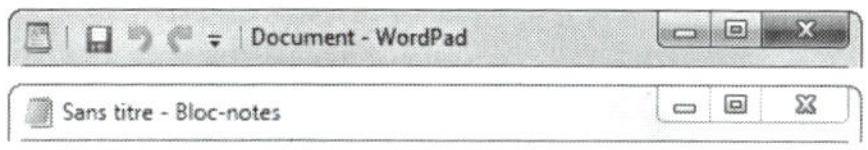

Figure 2.2 : La barre de titre de WordPad (en haut) et du Bloc-notes (en bas).

Trois boutons rectangulaires se trouvent à droite, dans la barre de titre. Ce sont, de gauche à droite, les boutons Réduire, Agrandir et Fermer. Nous y reviendrons à la section « Déplacer les fenêtres sur le Bureau », un peu plus loin dans ce chapitre.

Parmi plusieurs fenêtres, celle sur laquelle vous travaillez actuellement est reconnaissable à sa bordure colorée et au bouton Fermer rouge, en haut à droite (reportez-vous à la Figure 2.2, en haut) tandis que les bordures et boutons des autres sont incolores (Figure 2.2, en bas). Sachant cela, vous pouvez identifier d'un coup d'œil la fenêtre dans laquelle vous travaillez actuellement (contrairement à Vista, Windows 7 assombrit la totalité de la barre de titre).

Naviguer parmi les dossiers avec la barre d'adresse de la fenêtre

Juste sous la barre de titre se trouve la *barre d'adresse* (voir Figure 2.3). Elle semblera familière à ceux qui connaissent déjà Internet Explorer, car elle rappelle furieusement la barre d'adresse du navigateur Web. Elle se trouve en haut de la fenêtre de n'importe quel dossier.

Figure 2.3 : Une barre d'adresse.

Les trois parties principales de la barre d'adresse – de gauche à droite dans les paragraphes qui suivent – ont chacune une fonction bien définie :

- **Bouton Précédent et Suivant :** Ces deux boutons mémorisent votre itinéraire parmi les dossiers du PC. Le bouton Précédent vous ramène au dossier que vous venez de visiter (en amont). Le bouton Suivant vous ramène au dernier dossier (en aval). Cliquez sur la minuscule flèche à droite des deux boutons pour accéder à une liste des emplacements que vous avez visités. Cliquez sur l'un d'eux pour y accéder aussitôt.
- **Barre d'adresse :** Elle contient l'adresse du dossier actuellement ouvert. Cette adresse correspond plus exactement au *chemin* dans le disque dur : par exemple, à la Figure 2.3, l'adresse est *Bibliothèques, Documents, Mes trucs à moi*. Elle indique que vous

vous trouvez dans le dossier Mes trucs à moi, qui se trouve dans le dossier Documents, lequel se trouve dans le dossier Bibliothèques de votre compte d'utilisateur. Eh oui, ces histoires de dossiers sont suffisamment compliquées pour qu'un chapitre entier – le prochain – leur soit consacré.

- **Le champ Rechercher :** Toutes les fenêtres de Windows 7 sont dotées d'un champ Rechercher, capable d'explorer le dossier et ses sous-dossiers à la recherche d'une donnée ou d'une information. Par exemple, si vous recherchez le mot **carotte**, Windows montrera tous les fichiers contenant ce mot.

Trouver la barre de menus cachée

Windows 7 contient autant de menus que la carte d'un restaurant chinois. Mais pour ne pas encombrer l'écran, il les cache dans la *barre de menus* illustrée à la Figure 2.4

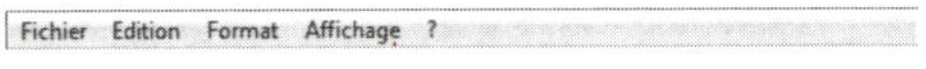

Figure 2.4 : La barre de menus.

Chaque mot de la barre de menus contient une entrée spécifique correspondant à un menu. Cliquez sur Édition, par exemple, et le menu approprié se déploie, comme à la Figure 2.5, qui présente les options d'édition d'un fichier.

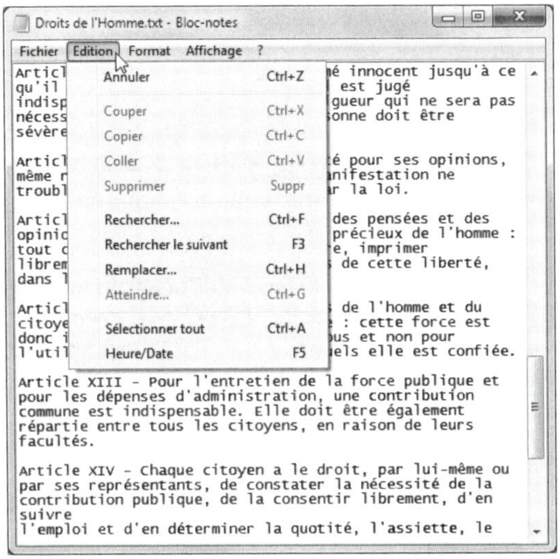

Figure 2.5 : Cliquez sur un menu pour accéder à ses commandes.

Quand une commande n'est pas exécutable (parce que les conditions requises ne sont pas réunies), elle apparaît en grisé sur le menu, comme Couper, Copier, Coller, Supprimer et Atteindre, à la Figure 2.5.

Pour mettre fin à cette exploration des menus, cliquez dans l'*espace de travail* de la fenêtre.

Choisir le bon bouton pour la bonne tâche

Les vieux de la vieille – les anciens d'XP, si vous préférez – se souviennent du *volet* d'exploration, un bien utile panneau affiché à gauche d'un dossier, qui contenait de fort commodes commandes pour les tâches les plus communes. Dans Windows 7, ce volet a été remplacé par un ensemble de boutons réunis sur une *barre de commandes.* La Figure 2.6 montre celle de la bibliothèque Documents.

Figure 2.6 : La barre de commandes de la bibliothèque Documents.

Vous n'avez pas besoin d'étudier spécifiquement la barre de commandes, car Windows 7 affiche les boutons appropriés en haut du dossier. Ouvrez le dossier Musique, par exemple, et Windows 7 affiche un bouton Lire tout pour écouter en non-stop les heures et les heures de musique qui s'y trouvent. Ouvrez le dossier Images, et le bouton Diaporama affichera les photos du dossier les unes après les autres, en plein écran.

Si la signification d'un bouton ne vous paraît pas évidente, immobilisez le pointeur de la souris dessus. Un petit message expliquera de quoi il s'agit.

Les accès rapides du volet de navigation

Examinez un bureau – un vrai – et vous constaterez que les objets les plus couramment utilisés sont à portée de main : le pot à crayons, l'agrafeuse, les tampons, la tasse de café et peut-être quelques miettes du sandwich de midi… C'est pareil dans Windows 7 : tous les éléments les plus fréquemment utilisés (hormis le café et les miettes) sont placés dans le volet de navigation illustré à la Figure 2.7.

Situé à gauche de chaque dossier, le volet de navigation est divisé en cinq rubriques : Favoris, Bibliothèques, Groupe résidentiel d'ordinateurs, Ordinateur et Réseau. Cliquez sur l'une de ces rubriques, Favoris par exemple, et son contenu apparaît dans le volet de droite.

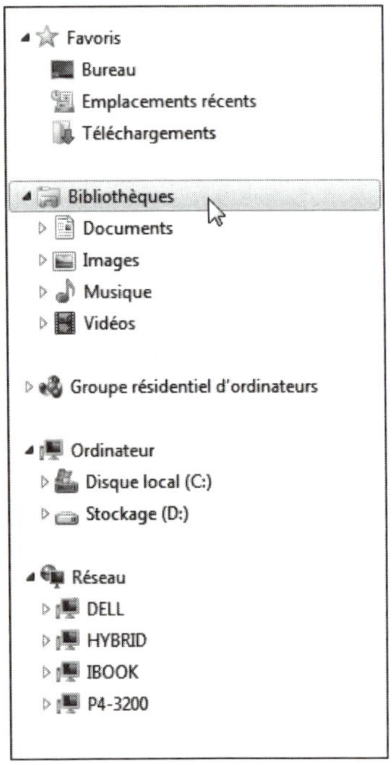

Figure 2.7 : Le volet de navigation contient des accès vers les emplacements les plus visités.

Le volet des détails

Le volet des détails que montre la Figure 2.8 s'étire langoureusement au pied de chaque dossier. Comme le laisse entendre son nom, ce petit panneau fournit quantité de détails sur ce que vous avez ouvert ou sélectionné.

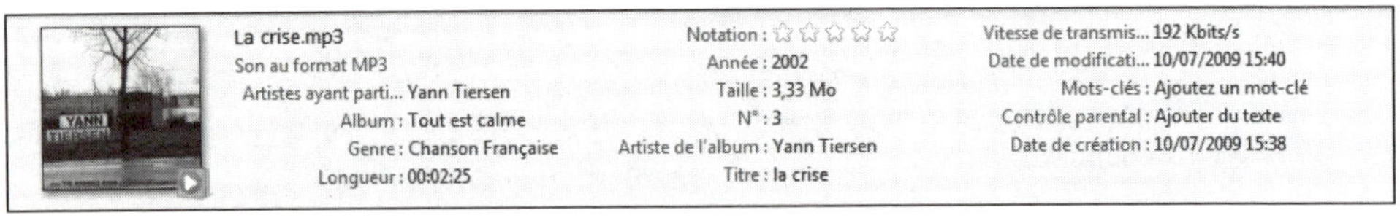

Figure 2.8 : Le volet des détails fournit quantité d'informations sur un fichier, comme ici un morceau de musique.

Ouvrez un dossier, et le volet des détails indiquera le nombre d'éléments – fichiers ou dossiers – qu'il contient. Il indique même si les fichiers se trouvent dans votre ordinateur ou sur le réseau.

Se déplacer dans une fenêtre avec la barre de défilement

La barre de défilement, qui fait penser à une cage d'ascenseur (voir Figure 2.9), apparaît au bord droit et/ou inférieur d'une fenêtre dès qu'elle est trop petite pour afficher tout son contenu. À l'intérieur de la barre, un petit ascenseur – techniquement, un *curseur de défilement* – monte et descend selon la partie de la page affichée. D'un seul coup d'œil sur l'ascenseur, vous savez si vous êtes plutôt en haut, au milieu ou en bas du contenu d'une fenêtre.

Vous pouvez voir l'ascenseur monter et descendre lorsque vous appuyez sur les touches PageHaut et PageBas. Mais l'actionner à la souris est plus plaisant. Cliquer en différents endroits de la barre de défilement permet de se déplacer rapidement dans un document. Par exemple :

Figure 2.9 : Une barre de défilement et son ascenseur.

- Cliquer dans la barre au-dessus de l'ascenseur déplace d'une page vers le haut, comme si vous aviez appuyé sur la touche PageHaut. De même, cliquer sur la barre sous l'ascenseur fait descendre d'une page. Plus l'écran est grand – à résolution égale –, plus vous pouvez voir d'informations sur une page.

- Pour remonter la vue d'une seule ligne, cliquez sur la petite flèche (la *flèche de défilement*) en haut de la barre de défilement. Cliquer sur la flèche inférieure fait descendre d'une ligne.

- Une barre de défilement peut se trouver sur le bord inférieur de la fenêtre. Elle sert alors à visionner des documents larges, comme une feuille de calcul. Le déplacement s'effectue alors horizontalement, permettant par exemple d'examiner les diverses colonnes de chiffres.

- Pas d'ascenseur dans la barre de défilement, ou pas de barre du tout ? Cela signifie que l'ensemble de la fenêtre est affiché. Il n'y a donc pas lieu de la faire défiler.

- Vous voulez parcourir rapidement le contenu d'une fenêtre ? Cliquez sur l'ascenseur et tirez-le, et vous verrez le contenu de la fenêtre défiler à toute vitesse. Arrivé là où vous le vouliez, relâchez le bouton de la souris.

Du côté des bordures

Une *bordure* est le cadre qui entoure une fenêtre.

Pour changer la taille d'une fenêtre, cliquez sur une bordure – le pointeur de la souris prend la forme d'une flèche à deux pointes – et tirez dans la direction désirée. Redimensionner une fenêtre en cliquant et tirant un coin est le plus commode. Notez que certaines fenêtres ne sont pas redimensionnables.

Remplir des champs

À un moment ou à un autre, Windows vous obligera à jouer les gratte-papier : vous devrez remplir des champs contenant vos requêtes. Pour cette paperasserie informatique, Windows ouvre des *boîtes de dialogue*.

Une boîte de dialogue est une fenêtre contenant une sorte de formulaire ou de liste que vous devez remplir ou cocher. Elle peut se présenter de diverses manières, comme vous le découvrirez par la suite.

Cliquer sur le bouton de commande adéquat

Les boutons de commande sont les éléments les plus faciles à utiliser car marqués de leur nom, on sait de suite à quoi ils servent. Ils sont généralement utilisés après avoir fini de remplir la boîte de dialogue. En fonction de celui sur lequel vous avez cliqué, Windows exécute votre demande ou affiche une autre boîte de dialogue.

Le Tableau 2.1 montre les boutons que vous rencontrerez le plus souvent.

Tableau 2.1 : Les boutons de commande courants de Windows 7.

Bouton de commande	***Description***
OK	Cliquer sur le bouton OK signifie que vous en avez fini avec la boîte de dialogue et que Windows peut valider vos saisies. Windows 7 les prend en compte et les applique.
Annuler	Si vous estimez qu'il ne fallait pas ouvrir cette fenêtre et/ou ne rien changer dans les champs, cliquez sur ce bouton pour annuler vos saisies, et tout redevient comme si de rien n'était. Cliquer sur le bouton X, en haut à droite de la fenêtre, équivaut à annuler.
Suivant	Cliquez sur ce bouton pour passer à la prochaine fenêtre d'une série de plusieurs à remplir. Vous voulez revenir en arrière pour modifier une saisie effectuée auparavant ? Cliquez sur le bouton fléché Précédent, en haut à gauche de la fenêtre.
Configurer...	Quand des points de suspension suivent du texte, cela signifie qu'une boîte de dialogue va s'ouvrir.
Par défaut	Si vous vous êtes complètement fourvoyé dans vos paramétrages, ce bouton restaure les options par défaut : le contenu de la boîte de dialogue redevient celui de Windows sorti d'usine.

Les boutons d'options

Parfois, Windows vous oblige à choisir une seule option parmi plusieurs. Par exemple, dans le jeu Démineur, vous désirez sélectionner le niveau Débutant, Intermédiaire ou Avancé ? Vous ne pouvez pas être les trois à la fois. C'est pourquoi, vous ne pouvez choisir qu'une seule de ces options.

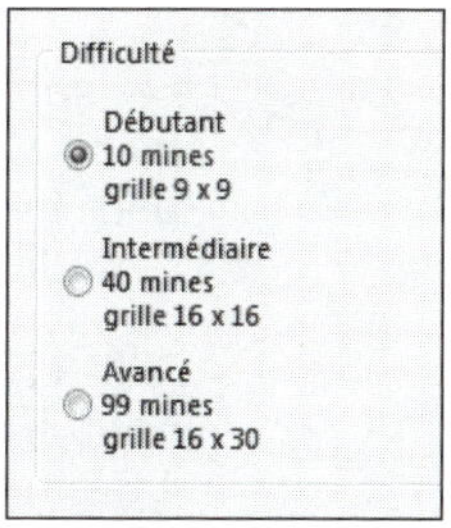

Figure 2.10 : Une seule option peut être sélectionnée.

Windows affiche pour cela des *boutons d'options* comme ceux de la Figure 2.10. Vous ne pouvez en sélectionner qu'un seul dans un groupe. Sélectionnez une autre option, et le point qui marque l'option sélectionnée apparaît sur le nouveau bouton.

Saisir du texte dans des champs

Un *champ de texte* est un petit rectangle dans lequel vous pouvez saisir – c'est-à-dire taper – des mots et/ou des chiffres. La Figure 2.11 montre la boîte de dialogue qui apparaît lors de la recherche d'un mot dans certains programmes. Elle contient un champ de texte dans lequel vous saisissez ce mot.

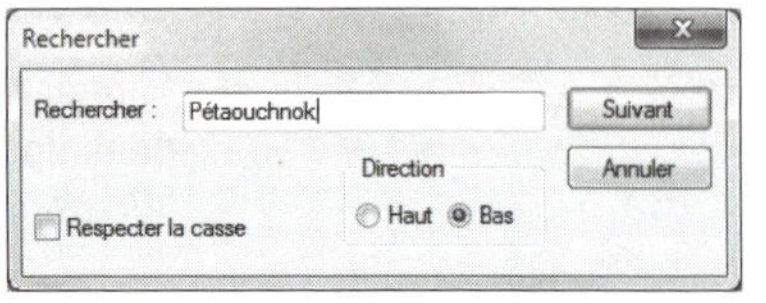

Figure 2.11 : Cette boîte de dialogue contient un champ de texte.

Choisir une option dans une zone de liste

Certains champs n'autorisent pas la saisie. Ils se contentent d'afficher une liste dans laquelle vous sélectionnez l'élément désiré. Ces champs qui n'en sont pas véritablement sont appelés *zones de liste*. Par exemple, un traitement de texte affichera une zone de liste contenant les polices – les typographies – installées dans l'ordinateur (Figure 2.12).

Figure 2.12 : Sélectionnez une police dans la liste.

Les listes déroulantes

Les zones de liste sont commodes, mais elles occupent beaucoup de place. C'est pourquoi Windows les masque parfois, tout comme il le fait pour les menus déroulants. Quand vous cliquez au bon endroit, la liste déroulante se déploie, prête à être parcourue.

Mais c'est où, le bon endroit ? C'est le petit bouton comportant une flèche triangulaire, à droite du bouton principal. On en voit un à la Figure 2.13 (notez qu'il n'est pas indispensable de cliquer exactement sur la flèche ; vous pouvez cliquer n'importe où sur le bouton).

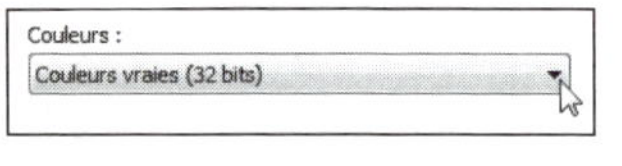

Figure 2.13 : Cliquez sur le bouton d'une liste déroulante (signalée par le petit triangle noir, à droite) pour accéder aux options.

La Figure 2.14 montre la liste déployée, après avoir cliqué dessus. Pour faire votre choix, cliquez sur l'option désirée, dans le menu.

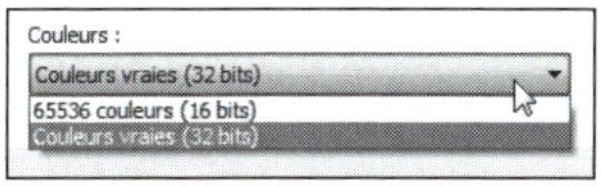

Figure 2.14 : La liste déroulante est déployée. Il ne vous reste plus qu'à choisir l'option.

Vous ne pouvez choisir qu'un seul élément dans une liste déroulante.

Les cases à cocher

Vous aurez parfois la possibilité de choisir plusieurs options en cliquant dans des petites cases à côté des options. Par exemple, celles de la Figure 2.15 correspondent aux options du jeu FreeCell.

Cliquer dans une case vide sélectionne l'option correspondante. Si une coche s'y trouve déjà, la case est décochée.

Contrairement aux boutons d'option, dont un seul seulement peut être sélectionné dans un même groupe, vous pouvez cocher ou décocher autant de cases que vous le désirez.

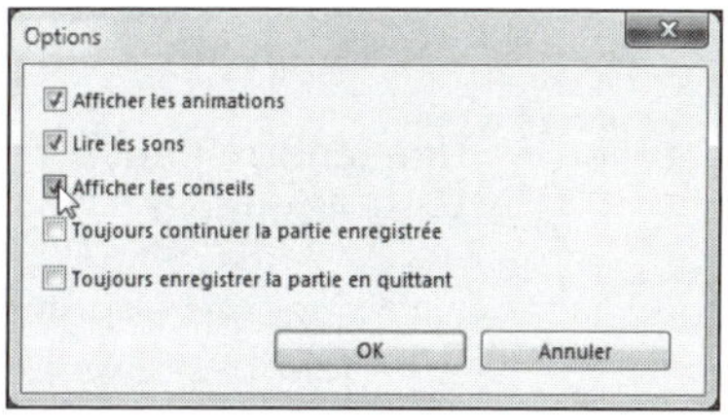

Figure 2.15 : Cochez les cases des options désirées.

Les glissières

C'est sans doute un variateur de lumière qui donna un jour à un programmeur l'idée des glissières (pour glisser des deux mains…) afin de régler certains paramètres de Windows 7.

Certaines glissières sont horizontales, d'autres verticales, mais aucune pour le moment n'est de travers. La Figure 2.16 montre celle qui sert à régler la vitesse de la souris dans le Panneau de configuration, de Lente (ça se traîne) à Rapide (Speedy Gonzales).

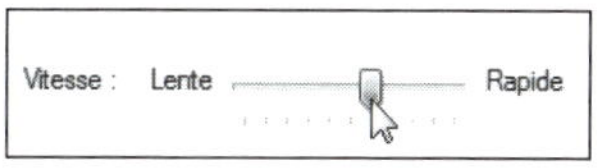

Figure 2.16 : La glissière des propriétés de la souris.

Une glissière est facile à régler : cliquez sur le curseur et, bouton de la souris enfoncé, tirez-le dans la direction voulue. Relâchez le bouton pour laisser le pointeur à la graduation choisie.

Déplacer les fenêtres sur le Bureau

Avec Windows 7, vous pouvez déplacer les fenêtres sur le Bureau avec la dextérité d'un joueur de cartes. Lorsqu'elles sont nombreuses, elles finissent par se recouvrir plus ou moins les unes les autres. Cette section vous explique comment les empiler proprement, en plaçant celle que vous préférez en haut du tas. Vous pouvez aussi les étaler, comme une main au poker. Et, cerise sur le gâteau, elles peuvent être redimensionnées et s'ouvrir automatiquement à n'importe quelle taille.

Placer une fenêtre au-dessus des autres

Pour Windows 7, la fenêtre au-dessus de toutes les autres, qui attire l'attention, est la *fenêtre active*. C'est celle qui reçoit tout ce que vous ou votre chat tapez sur le clavier.

Une fenêtre peut être placée au-dessus des autres de diverses manières. Voici comment :

- Amenez le pointeur de la souris jusqu'au-dessus d'une partie de la fenêtre, dans un empilement, puis cliquez. La fenêtre en question est aussitôt placée au premier plan.
- Dans la barre des tâches, cliquez sur le bouton de la fenêtre désirée.
- La touche Alt enfoncée continûment, appuyez sur la touche Tab. Un petit panneau montre une miniature de chacune des fenêtres ouvertes sur le Bureau. Appuyez autant de fois que nécessaire sur la touche Tab pour sélectionner la fenêtre voulue, puis relâchez les deux touches Alt et Tab. La fenêtre sélectionnée est au premier plan.
- Maintenez la touche Windows – celle entre les touches Ctrl et Alt – continûment enfoncée. Un spectaculaire affichage en 3D montre les fenêtres ouvertes. Appuyez sur la touche Tab pour faire défiler les fenêtres du fond de l'écran vers l'avant. Lorsque celle qui vous intéresse apparaît, relâchez les deux touches Alt et Tab. La fenêtre voulue est à présent au-dessus des autres, sur le Bureau.

Déplacer une fenêtre de-ci de-là

Pour une raison ou pour une autre, vous voudrez déplacer une fenêtre. Peut-être parce qu'elle est décentrée, ou pour faire de la place et voir tout ou partie d'une autre fenêtre.

En bref et quoi qu'il en soit, vous déplacerez une fenêtre en la tirant par sa barre de titre. La fenêtre repositionnée reste sélectionnée et donc active.

Afficher une fenêtre en plein écran

Pour certaines tâches, agrandir une fenêtre afin qu'elle exploite au maximum la surface de l'écran est une bonne chose. Pour cela, double-cliquez sur la barre de titre : la fenêtre s'étale instantanément sur tout le Bureau, recouvrant toutes les autres (Figure 2.17).

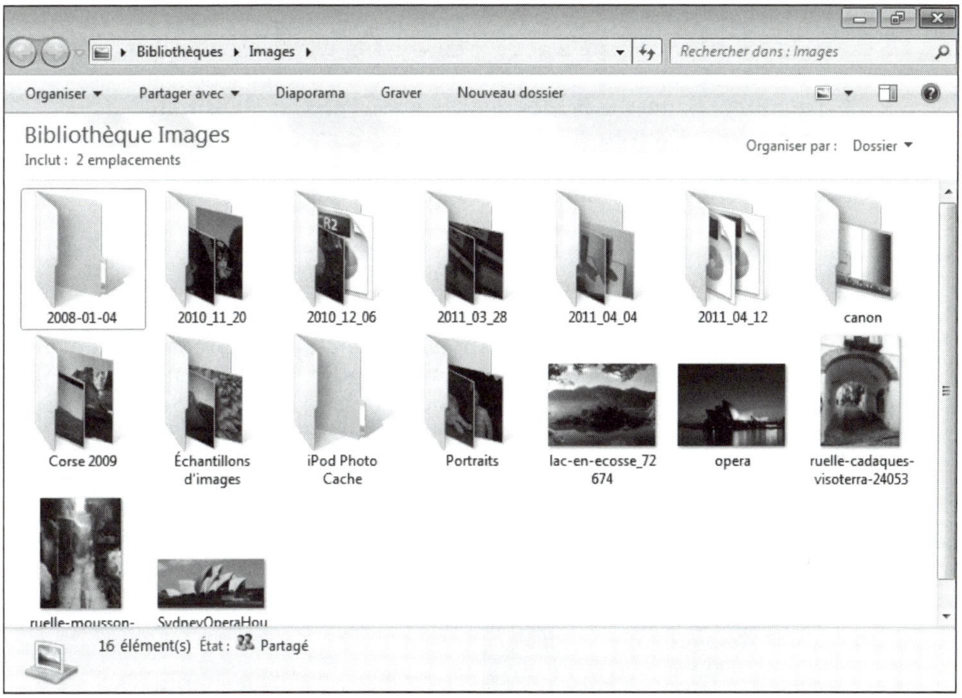

Figure 2.17 : Une fenêtre affichée en plein écran.

Pour la ramener à sa taille d'origine, double-cliquez de nouveau sur sa barre de titre. On ne s'en lasse pas…

- Si double-cliquer sur la barre de titre vous paraît vraiment ringard, cliquez sur le bouton Agrandir. C'est celui du milieu, en haut à droite.

- Quand une fenêtre est en plein écran, le bouton Agrandir est remplacé par le bouton Niveau inférieur. Cliquez dessus pour qu'elle redevienne plus petite.

- Windows 7 propose une nouvelle manière d'agrandir une fenêtre : tirez-la par la barre de titre jusqu'en haut de l'écran ; l'ombre de la fenêtre s'étend à présent tout autour de l'écran. Relâchez le bouton de la souris, et la fenêtre est en plein écran. Bon d'accord, le double-clic dans la barre de titres est plus rapide (mais c'est d'un ringard…).

Fermer une fenêtre

Quand vous avez fini de travailler dans une fenêtre, fermez-la en cliquant sur le petit bouton X, en haut à droite.

Si le travail en cours n'a pas été enregistré, Windows vous demande s'il doit le faire. Confirmez en cliquant sur le bouton Oui – vous devrez peut-être nommer le fichier que vous avez créé et choisir un dossier de stockage –, ou en cliquant sur Non si vous estimez qu'il n'est pas nécessaire de l'enregistrer. D'autres fenêtres – comme celles propres à Windows – se ferment sans formalité supplémentaire.

Redimensionner une fenêtre

Comme le chantait Serge Gainsbourg en son temps à propos de la pauvre Lola, il faut s'avoir s'étendre sans se répandre. Fort heureusement, une fenêtre de Windows ne s'étend ni ne se répand, elle se redimensionne. Voici comment :

1. **Immobilisez le pointeur de la souris au-dessus d'un bord ou d'un coin de la fenêtre. Lorsqu'elle se transforme en flèche à deux pointes, cliquez et tirez pour changer la taille de la fenêtre (voir Figure 2.18).**

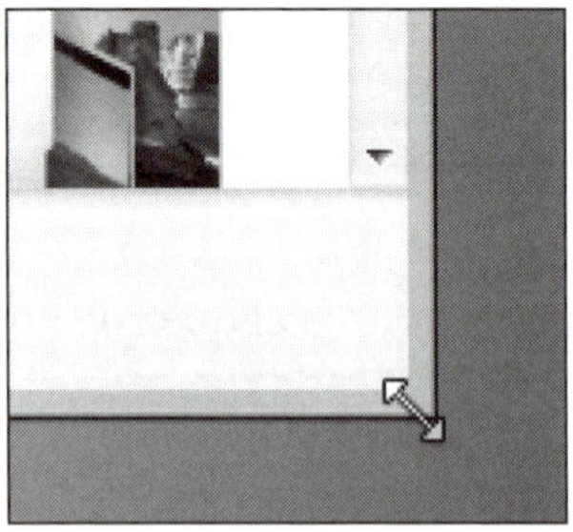

Figure 2.18 : Faites glisser cette double flèche sur un coin de la fenêtre pour la redimensionner.

2. **Le redimensionnement terminé, relâchez le bouton de la souris.**

Redimensionner en tirant un coin est plus souple que de ne tirer qu'un seul côté, mais c'est à vous de voir.

Placer deux fenêtres côte à côte

Quand vous voudrez copier un élément dans une fenêtre pour le coller dans une autre, pouvoir juxtaposer les deux fenêtres vous facilitera la tâche.

Au lieu de redimensionner laborieusement les fenêtres, cliquez dans une partie vide de la barre des tâches – y compris sur l'horloge – et choisissez Afficher les fenêtres côte à côte. Windows dispose aussitôt toutes les fenêtres les unes à côté des autres. Si vous préférez les voir les unes sur les autres, choisissez Afficher les fenêtres empilées. Si les fenêtres sont nombreuses, l'option Cascade les empile toutes, légèrement décalées en diagonale les unes par rapport aux autres.

Quand plus de deux fenêtres sont ouvertes, cliquez sur le bouton Réduire de celle que vous ne voulez pas afficher puis choisissez de nouveau la commande Afficher les fenêtres côte à côte pour ne voir que celles qui restent.

Dossiers et fichiers

Chapitre 3

Dans ce chapitre :

- L'icône Ordinateur
- Naviguer parmi les lecteurs, les dossiers et une clé USB
- Les nouvelles bibliothèques de Windows 7
- Créer et nommer des dossiers
- Sélectionner et désélectionner des éléments
- Copier et déplacer des fichiers et des dossiers
- Enregistrer sur des CD, des cartes mémoire et des disquettes

Ce chapitre explique par le menu – si l'on peut dire… – comment utiliser le programme d'archivage nommé Ordinateur (dans l'antique Windows XP, c'était le Poste de travail). Windows ressuscite certes ce classique classeur que l'on croyait oublié, mais au moins, les tiroirs ne coincent plus et les dossiers ne tombent plus derrière le bureau.

Parcourir le classeur à tiroirs informatisé

Afin que vos programmes et documents soient rationnellement rangés, Windows a gratifié la métaphore du classeur à tiroirs de jolies petites icônes. Vous y accédez au travers du programme Ordinateur présent dans le menu Démarrer. C'est là que se trouvent les zones de stockage de votre ordinateur, où vous pourrez copier, déplacer, renommer ou supprimer des fichiers.

Pour ouvrir vos tiroirs virtuels, appelés « lecteur » ou « disque » en jargon informatique, cliquez sur le menu Démarrer puis sur Ordinateur. Bien que la fenêtre Ordinateur différera sans doute quelque peu de celle de la Figure 3.1, les éléments de base – décrits dans les prochaines sections – sont les mêmes.

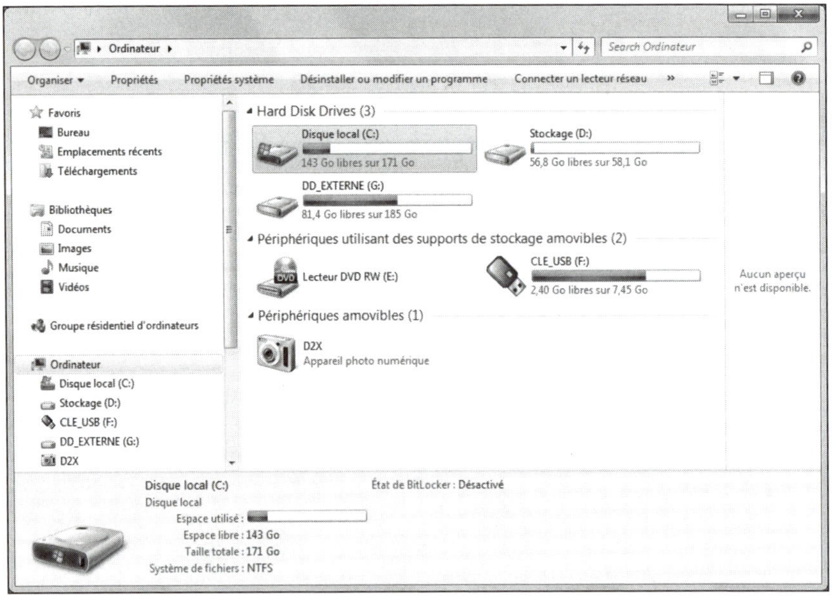

Figure 3.1 : La fenêtre Ordinateur affiche les zones de stockage contenant vos fichiers.

Windows peut afficher la fenêtre Ordinateur sous diverses formes. Pour obtenir la même présentation que dans la Figure 3.1, cliquez sur le bouton Affichage, dans la barre de menus et, dans la liste, choisissez Mosaïques. Enfin, cliquez dans une partie vide de la fenêtre, puis choisissez Trier par, puis sélectionnez Nom.

Voici les éléments de base de la fenêtre Ordinateur :

- **Le volet de navigation :** Situé à gauche de la plupart des fenêtres, l'appréciable volet de navigation contient la liste des dossiers contenant vos biens virtuels les plus précieux, nommés Documents, Images et Musique.

- **Lecteurs de disques durs :** Visible à la Figure 3.1, cette zone montre le ou les disques durs, c'est-à-dire les mémoires de masse les plus importantes de votre PC. Tout ordinateur en possède au moins un. Double-cliquer sur l'icône d'un disque dur affiche ses dossiers et ses fichiers, mais vous trouverez rarement des informations utiles ; au lieu d'explorer le disque dur, ouvrez le menu Démarrer et lancez des programmes.

  Vous avez remarqué le petit logo Windows sur l'icône d'un disque dur ? Il indique que Windows 7 est installé sur ce disque. La jauge bleue permet d'évaluer l'espace occupé et l'espace restant. Si elle devient rouge, cela signifie que le disque dur est proche de la saturation. Le moment est alors venu, soit de faire le ménage, soit de remplacer le disque dur par un plus volumineux.

- **Périphériques utilisant des supports de stockage amovibles :** Cette zone montre tous les équipements amovibles connectés à votre ordinateur (lecteur de disquettes, CD et DVD, clé USB, lecteurs de cartes mémoire, lecteurs MP3, appareils photo, etc.)

Quand vous connectez un caméscope numérique, un téléphone mobile ou tout autre périphérique à votre PC, la fenêtre Ordinateur s'orne d'une nouvelle icône le représentant. Double-cliquez dessus pour voir le contenu du périphérique ; cliquez dessus du bouton droit pour savoir ce que Windows 7 vous permet de faire. Pas d'icône ? Peut-être devez-vous installer un pilote pour votre périphérique.

Cliquez sur presque n'importe quelle icône, dans la fenêtre Ordinateur, et le volet des détails, en bas de la fenêtre, affichera des informations la concernant : taille, date de création, place disponible dans un dossier ou dans un lecteur… Pour obtenir encore plus d'informations, agrandissez le volet des détails en tirant son bord supérieur vers le haut. Plus vous l'étendez, plus vous dévoilez des informations.

Tout (ou presque) sur les dossiers et les bibliothèques

Un *dossier* est une zone de stockage sur le disque dur. On peut le comparer à un véritable dossier en carton. Windows 7 divise le ou les disques durs de votre ordinateur en autant de dossiers thématiques que vous le désirez. Par exemple, les morceaux de musique sont stockés dans le dossier Musique, et les photos dans le dossier Images. Vous et vos programmes les retrouvez ainsi facilement.

Windows 7 dispose de quatre bibliothèques pour vos fichiers et dossiers, visibles à la Figure 3.2 : Documents, Images, Musique et Vidéos. Afin d'y accéder rapidement, ils se trouvent dans le volet de navigation de tout dossier.

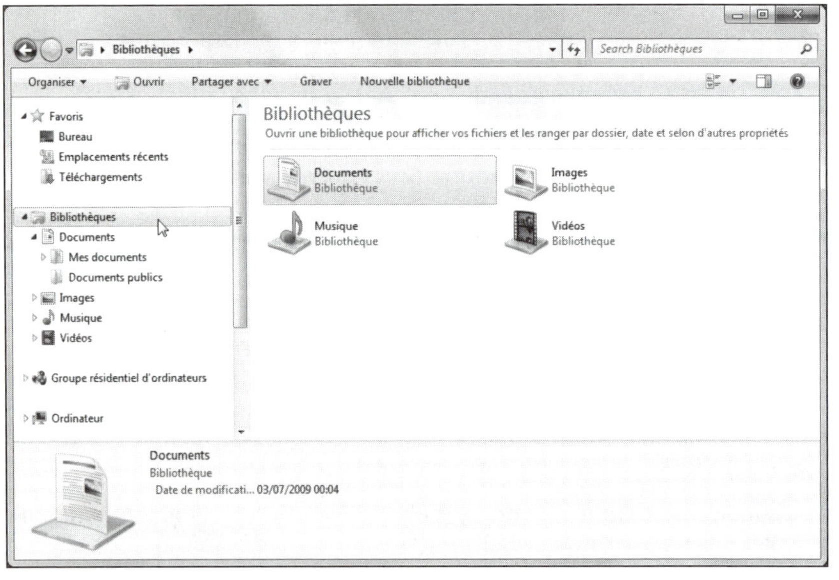

Figure 3.2 : Ces quatre dossiers se trouvent dans tous les comptes d'utilisateurs, mais séparément pour chaque compte.

Les dossiers d'un ordinateur sont organisés en arborescence, de la racine du disque dur jusqu'aux dossiers, sous-dossiers et sous-sous-dossiers (non, ce ne sont pas des dossiers où l'on range ses sous) les plus profondément enfouis, comme le montre la Figure 3.3.

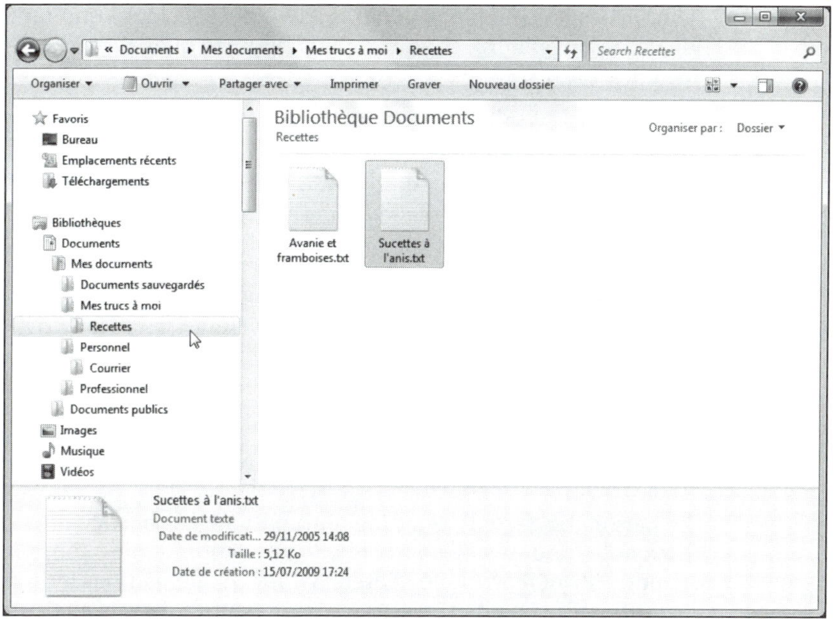

Figure 3.3 : Les dossiers de Windows sont arborescents.

Lorgner dans les lecteurs et les dossiers

Savoir ce que sont les lecteurs et les dossiers, c'est certes génial pour impressionner la vendeuse de petits pains au chocolat, mais c'est surtout utile pour trouver un fichier (reportez-vous à la section précédente pour savoir quel dossier contient quoi). Coiffez votre casque de chantier, empoignez la clé à molette et parcourez les lecteurs et les dossiers de votre ordinateur en vous servant de cette section comme guide.

Voir les fichiers d'un lecteur

À l'instar de presque tout dans Windows 7, les lecteurs de disques sont représentés par des boutons, ou icônes. L'icône Ordinateur affiche aussi des informations sur d'autres zones, comme un lecteur MP3, un appareil photo numérique ou un scanner (ces icônes ont été expliquées à la section « Parcourir le classeur à tiroirs informatisé », précédemment dans ce chapitre.

Ouvrir ces icônes donne généralement accès à leur contenu et permet de gérer les fichiers, comme dans n'importe quel autre dossier de Windows 7.

Quand vous double-cliquez sur une icône dans Ordinateur, Windows 7 devine ce que vous comptez faire avec et entreprend une action : double-cliquez sur un disque dur, par exemple, et Windows 7 l'ouvre promptement afin de vous dévoiler ce qui s'y trouve.

En revanche, si vous double-cliquez sur l'icône d'un CD après avoir introduit un CD audio, Windows 7 ne l'ouvre pas forcément pour montrer les pistes. À la place, il démarre généralement le Lecteur Windows Media et commence à jouer le premier morceau. Pour modifier l'action de Windows 7 lorsque vous insérez un CD, un DVD ou une clé USB, cliquez sur son icône et, dans le menu, sélectionnez Exécution automatique. Windows 7 répertorie tout ce que vous pouvez faire et vous demande de choisir l'action à entreprendre.

Le paramétrage de l'exécution automatique est particulièrement commode pour les clés USB. Si elle contient quelques morceaux, Windows 7 démarrera le Lecteur Windows Media pour les jouer – effet garanti sur le lieu de travail –, ce qui ralentira l'accès aux autres fichiers.

Voir ce que contient un dossier

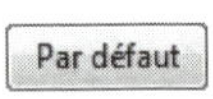

Les dossiers étant en quelque sorte des chemises à documents, Windows 7 s'en tient à cette représentation.

Pour voir ce que contient un dossier, qu'il soit dans Ordinateur ou sur le Bureau, double-cliquez sur son icône en forme de chemise. Une nouvelle fenêtre surgit, montrant ce qu'il y a dedans. Un autre dossier se trouve dedans ? Double-cliquez sur ce sous-dossier pour découvrir ce qu'il recèle. Cliquez ainsi jusqu'à ce que vous trouviez le fichier désiré ou arriviez dans un cul-de-sac.

Vous êtes au fond du cul-de-sac ? Si vous avez malencontreusement cherché dans le mauvais dossier, revenez en arrière comme vous le feriez sur le Web : cliquez sur la flèche Précédent, en haut à gauche de la fenêtre. Vous reculez ainsi d'un dossier. En continuant à cliquer sur la flèche Précédent, vous finissez par revenir au point de départ (NdT : L'info-bulle de la flèche Suivant porte la mention « Suivant », mais celle de la flèche Précédent indique le nom du dossier dans lequel vous vous apprêtez à retourner. Exemple : « Retour à Bibliothèques »).

Figure 3.4 : Les petites flèches entre les noms de dossiers sont autant de raccourcis vers d'autres dossiers.

Vous avez remarqué les petites flèches entre chaque nom de dossier ? Ce sont des raccourcis vers d'autres dossiers et fenêtres. Cliquez sur l'une d'elles : le menu qui apparaît propose des emplacements où aller depuis ce point. Par exemple, cliquez sur la flèche après Bibliothèques, comme à la Figure 3.5, pour atteindre rapidement le dossier Musique.

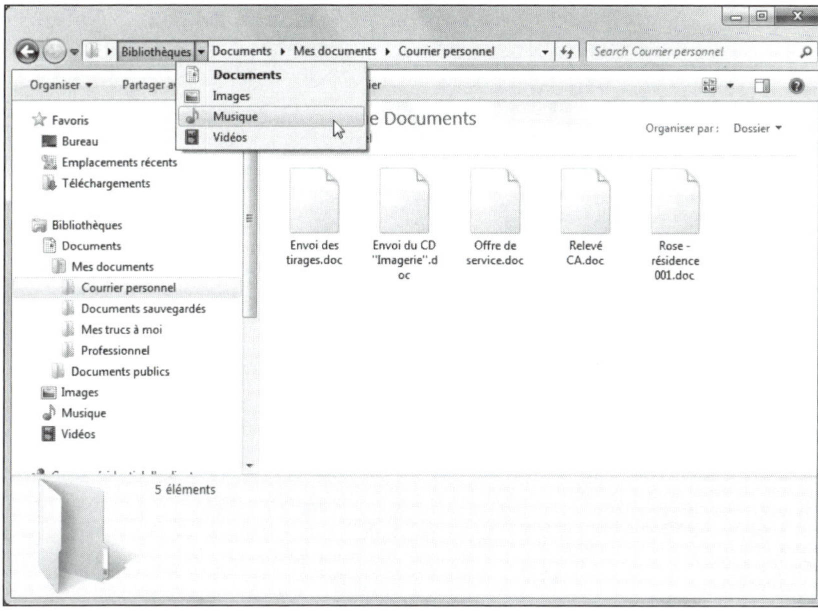

Figure 3.5 : Cliquez sur la flèche après Bibliothèques pour aller vers n'importe quel emplacement présent dans le dossier Bibliothèques.

Créer un nouveau dossier

Quand vous rangez un document dans un classeur à tiroirs, vous prenez une chemise en carton, vous écrivez un nom dessus puis vous y placez votre paperasse. Pour stocker de nouvelles données dans Windows 7 – vos échanges de lettres acerbes avec un service de contentieux, par exemple – vous créez un nouveau dossier, pensez à un nom qui lui convient bien, et le remplissez avec les fichiers appropriés.

Pour créer rapidement un nouveau fichier, cliquez sur Organiser, parmi les boutons de la barre de commandes du dossier, et choisissez Nouveau dossier, dans le menu contextuel. Si la barre n'est pas visible, voici une technique sûre et éprouvée :

1. **Cliquez du bouton droit dans le dossier et choisissez Nouveau.**

   Le tout-puissant menu contextuel apparaît sur le côté.

2. **Sélectionnez Dossier.**

   Choisissez Dossier, comme le montre la Figure 3.6 et un sous-dossier apparaît dans le dossier où vous avez cliqué, prêt à être nommé.

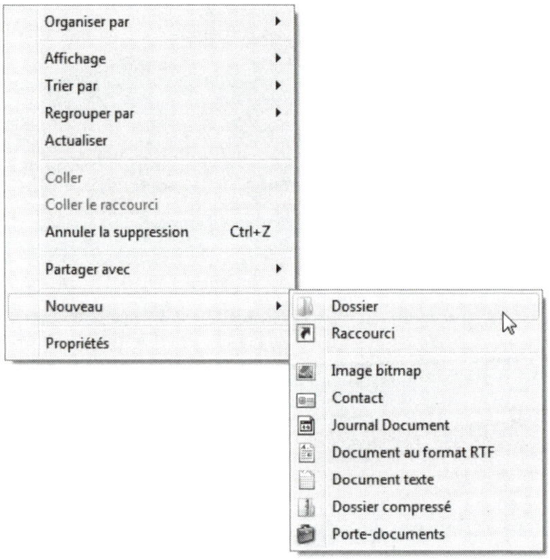

Figure 3.6 : Cliquez du bouton droit là où vous désirez créer un sous-dossier. Dans le menu, choisissez Nouveau, puis Dossier.

3. **Tapez le nom du nouveau dossier.**

   Tout dossier venant d'être créé porte le nom peu attrayant de Nouveau dossier. Dès que vous tapez au clavier, Windows 7 l'efface et le remplace par le nom que vous avez choisi. C'est fait ? Validez le nouveau nom, soit en appuyant sur Entrée, soit en cliquant ailleurs.

Windows est plus que pinailleur sur les caractères utilisables ou non pour des noms de fichier ou de dossier. Pas de problème si vous n'utilisez que des lettres, des chiffres et certains signes comme le tiret, le point d'exclamation, l'apostrophe, le signe de soulignement, *etc*. En revanche, les caractères que voici sont interdits : : / \ * | < > ? «

Renommer un fichier ou un dossier

Un nom de fichier ou de dossier ne convient plus ? Modifiez-le. Pour ce faire, cliquez du bouton droit sur l'icône incriminée puis, dans le menu, choisissez Renommer.

Windows sélectionne l'ancien nom du fichier, qui disparaît aussitôt que vous commencez à taper le nouveau. Appuyez sur Entrée ou cliquez dans le Bureau pour le valider.

Ou alors, vous pouvez cliquer sur le nom du fichier ou du dossier afin de le sélectionner, attendre une seconde puis cliquez de nouveau dans le nom afin de modifier tel ou tel caractère. Sélectionner le nom et appuyer sur la touche F2 est une autre technique de renommage.

Renommer des dossiers peut semer une redoutable pagaille dans Windows 7, voire le déstabiliser ou le bloquer. Ne renommez jamais des fichiers comme Documents, Images ou Musique.

Sélectionner des lots de fichiers ou de dossiers

La sélection d'un fichier, d'un dossier ou de tout autre élément peut sembler particulièrement ennuyeuse, mais c'est le point de passage obligé pour une foule d'autres actions : supprimer, renommer, déplacer, copier et bien d'autres bons plans que nous aborderons d'ici peu.

Pour sélectionner un seul élément, cliquez dessus. Pour sélectionner plusieurs fichiers et dossiers épars, maintenez la touche Ctrl enfoncée tout en cliquant sur les noms ou sur les icônes. Chacun reste en surbrillance.

Pour sélectionner une plage de fichiers ou de dossiers, cliquez sur le premier puis, la touche Majuscule enfoncée, cliquez sur le dernier. Ces deux éléments ainsi que tous ceux qui se trouvent entre sont sélectionnés (en surbrillance, dans le jargon informatique).

Windows 7 permet aussi de sélectionner des fichiers et des dossiers avec le lasso. Cliquez à proximité d'un fichier ou d'un dossier à sélectionner puis, bouton de la souris enfoncé, tirez de manière à englober les fichiers et/ou dossiers à sélectionner. Un rectangle coloré montre l'aire de sélection. Relâchez le bouton de la souris. Le lasso disparaît, mais les fichiers englobés restent sélectionnés.

Pour sélectionner simultanément tous les fichiers et sous-dossiers, choisissez Sélectionner tout, dans le menu Édition du dossier. Pas de menu ? Appuyez sur Ctrl + A. Voici une autre manip' sympa : pour tout sélectionner sauf quelques éléments, appuyez sur Ctrl + A puis, touche Ctrl enfoncée, cliquez sur les éléments à ne pas prendre en compte.

Copier ou déplacer des fichiers et des dossiers

Pour copier ou déplacer des fichiers vers d'autres dossiers du disque dur, il est parfois plus facile d'effectuer un glisser-déposer avec la souris. Par exemple, voici comment déplacer le fichier Voyageur.txt du dossier Maison vers le dossier Maroc (la juxtaposition des fenêtres est expliquée au Chapitre 2).

1. **Positionnez le pointeur de la souris sur le fichier ou le dossier à déplacer.**

   Il s'agit en l'occurrence du fichier Voyageur.

2. **Le bouton droit de la souris enfoncé, déplacez l'élément jusqu'à ce qu'il se trouve sur le dossier de destination.**

   Comme le révèle la Figure 3.7, le fichier Voyageur est glissé du dossier Maison jusque dans le dossier Maroc (la juxtaposition des dossiers est expliquée au Chapitre 2).

   Le fichier suit le pointeur de la souris, tandis que Windows 7 indique que vous déplacez un fichier (Figure 3.7). Veillez à ce que le bouton droit reste enfoncé pendant toute la manœuvre.

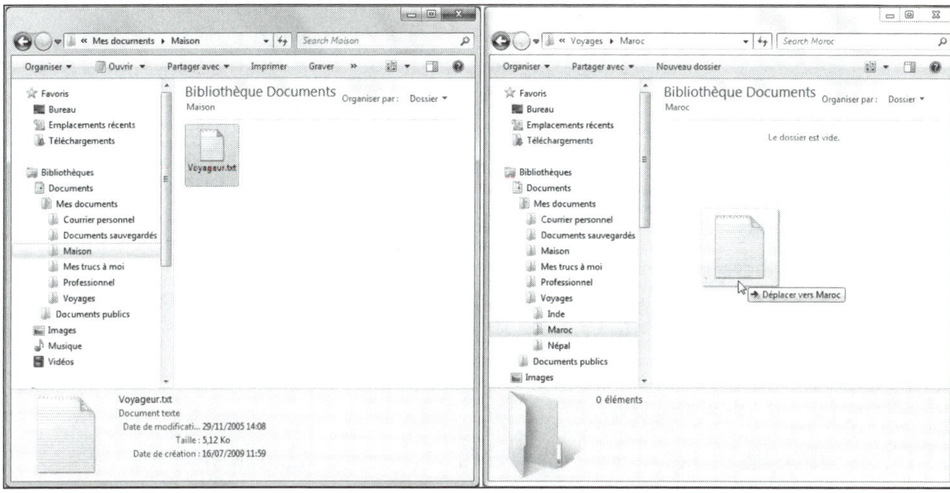

Figure 3.7 : Faites glisser un fichier ou un dossier d'une fenêtre à une autre.

Faites toujours glisser l'icône avec le bouton droit de la souris. Windows 7 présentera ainsi un menu contextuel proposant des options lorsque vous positionnerez l'icône, et vous pourrez choisir de copier, déplacer ou créer un raccourci. Lorsque vous utilisez le bouton gauche, Windows 7 ne sait parfois pas si vous désirez copier ou déplacer.

3. **Relâchez le bouton de la souris et, dans le menu, choisissez Copier ici, Déplacer ici ou Créer les raccourcis ici.**

À vrai dire, glisser et déposer un dossier est très facile. Le plus dur est d'afficher à la fois le dossier d'origine et le dossier de destination, notamment quand l'un d'eux est profondément enfoui dans l'ordinateur.

Si le glisser-déposer prend trop de temps, cliquez sur le fichier et appuyez sur Alt pour révéler les menus cachés du dossier. Dans le menu, cliquez sur Édition et choisissez Copier dans un dossier ou Déplacer vers un dossier. Une nouvelle fenêtre apparaît, répertoriant tous les lecteurs de l'ordinateur. Cliquez dans un lecteur et dans ses dossiers pour atteindre le dossier de destination, et Windows se charge d'exécuter la commande Copier ou Déplacer. Un peu laborieuse, cette technique convient si vous connaissez l'emplacement exact du dossier de destination.

Pour supprimer des fichiers, consultez la section sur la Corbeille du Chapitre 1.

Graver des CD et des DVD

La plupart des ordinateurs actuels savent graver des CD ou des DVD. Pour savoir si votre lecteur de CD et aussi un graveur, ôtez tout disque se trouvant dans le tiroir, puis ouvrez Ordinateur à partir du menu Démarrer et examinez l'icône du lecteur. Si les lettres RW sont indiquées, c'est un graveur.

Lecteur DVD CD-RW (E:)

Si le lecteur porte la mention `DVD/CD-RW`, comme sur l'icône en marge, cela signifie qu'il est capable de lire et de graver des CD, mais seulement de lire – et non graver – des DVD.

Lecteur DVD RW (E:)

Si le lecteur porte la mention `Lecteur DVD-RW`, il peut lire et graver des CD et aussi des DVD.

Il existe deux types de CD : les CD-R (comme *Recordable,* « enregistrable », en anglais) et CD-RW (comme *ReWritable,* « réinscriptible »). Voici la différence :

- **CD-R :** La plupart des gens achètent des CD-R car ils sont bon marché et sont parfaits pour stocker de la musique ou des fichiers. Vous pouvez graver les données jusqu'à ce qu'ils soient pleins, mais c'est tout. Il est impossible de modifier le contenu. Ce n'est pas un problème car ceux qui utilisent ce support évitent ainsi le risque que leurs CD soient effacés. Ils sont aussi utilisés pour les sauvegardes.
- **CD-RW :** Les CD réinscriptibles servent notamment à faire des sauvegardes temporaires. Vous pouvez les graver tout comme un CD-R, à la différence près que le CD-RW peut être entièrement effacé – l'effacement partiel est impossible – et réutilisé. Ce type de CD est cependant plus onéreux.

À l'instar des CD, les DVD existent eux aussi en versions enregistrables et réinscriptibles. Hormis cela, c'est la pagaille : les fabricants multiplient les formats, semant la confusion parmi les consommateurs. Avant d'acheter des DVD vierges, vérifiez les formats acceptés par votre lecteur : DVD-R, DVD-RW, DVD+R, DVD+RW et/ou DVD-RAM. La plupart des lecteurs récents reconnaissent les quatre premiers formats, ce qui facilite votre choix.

Bien que Windows 7 gère parfaitement les tâches de gravure de CD simples, il est extraordinairement compliqué lorsqu'il s'agit de copier des CD audio. La plupart des utilisateurs renoncent rapidement et préfèrent s'en remettre à des logiciels de gravure tiers, comme ceux édités par Roxio ou Nero.

La copie des CD audio et des DVD est soumise aux lois protégeant les droits d'auteur.

Copier des fichiers depuis ou vers un CD ou un DVD

Suivez ces étapes pour graver des fichiers sur un CD ou un DVD vierge (si vous ajoutez les données à un disque qui en contient déjà, passez à l'Étape 4).

Remarque : Si vous avez installé un logiciel de gravure tiers dans votre PC, il risque de démarrer automatiquement dès l'insertion du CD, outrepassant toutes les étapes. Vous devrez le désactiver si vous désirez graver avec Windows 7 ou tout autre programme. Cliquez ensuite sur l'icône du lecteur et choisissez Ouvrir la lecture automatique. Vous pourrez ainsi indiquer à Windows comment il doit réagir à l'insertion d'un CD vierge.

1. **Insérez le disque vierge dans le graveur et choisissez Graver les fichiers sur un disque.**

   Windows 7 réagit différemment selon que vous insérez un CD ou un DVD, comme le montre la Figure 3.8.

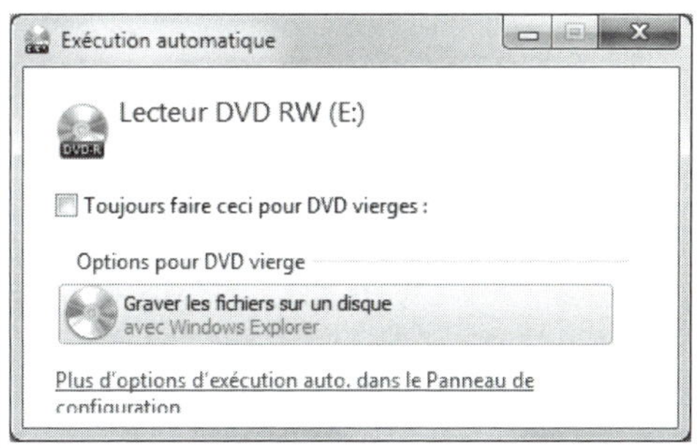

Figure 3.8 : L'insertion d'un CD (à gauche) ou d'un DVD (à droite), affiche la boîte de dialogue appropriée. Choisissez Graver un CD pour copier les fichiers sur le disque.

CD : Windows 7 propose deux options :

- **Graver un CD audio :** Cette option demande au Lecteur Windows Media de créer un CD audio lisible par la plupart des lecteurs de CD.

- **Graver les fichiers sur un disque :** Choisissez cette option pour copier des fichiers sur un CD.

DVD : Windows 7 offre une seule option :

- **Graver les fichiers sur un disque :** Choisissez cette option pour copier des fichiers informatiques sur le DVD.

2. **Saisissez le nom à attribuer au disque puis cliquez sur Suivant.**

   Après avoir inséré le disque et choisi Graver les fichiers sur un disque, à l'Étape 1, Windows 7 affiche la boîte de dialogue Graver un disque et vous demande de trouver un titre pour le disque.

   Hélas, Windows 7 limite la longueur des titres des CD et DVD à 16 caractères. Au lieu de taper **Pique-nique familial à Trifouilly-les-Oies en 2009**, vous devrez vous limiter à **Trifouilly 2009**. Ou vous contenter de cliquer sur Suivant et accepter le nom par défaut imposé par Windows 7 : la date du jour.

   Windows peut graver le disque afin de l'utiliser de deux manières :

   - **Comme un lecteur flash USB :** Un lecteur flash USB est en réalité une clé USB. Cette méthode permet d'écrire et de lire des fichiers plusieurs fois sur le disque. C'est une manière commode de transporter des fichiers. Le disque est malheureusement illisible par les lecteurs de CD et de DVD de salon.

   - **Avec un lecteur de CD/DVD :** Choisissez cette méthode si le disque doit pouvoir être lu par votre chaîne stéréo.

   Après avoir entré un nom, Windows 7 se prépare à recevoir les fichiers qu'il devra graver. Pour le moment, la fenêtre du disque est vide.

3. **Indiquez à Windows 7 les fichiers qu'il doit graver.**

   Le disque étant prêt à recevoir des données, il indique à Windows 7 où il les trouvera. Vous pouvez le faire de diverses manières :

   - Cliquez du bouton droit sur l'élément à copier, qu'il s'agisse d'un seul fichier, d'un dossier, ou d'un ensemble de fichiers et de dossiers sélectionnés. Dans le menu contextuel qui apparaît, choisissez Envoyer vers puis sélectionnez le graveur.

   - Faites glisser les fichiers et/ou les dossiers et déposez-les sur la fenêtre du graveur, ou sur l'icône du graveur, dans la fenêtre Ordinateur.

- Choisissez le bouton Graver, dans la barre de commandes de n'importe quel dossier du dossier Musique. Tous les dossiers de musique – ou les fichiers audio sélectionnés – seront copiés sur le disque en tant que fichiers informatiques, lisibles par les chaînes stéréo et autoradio capables de lire des fichiers aux formats WMA ou MP3.

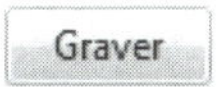

- Choisissez le bouton Graver, dans la barre de commandes de n'importe quel dossier du dossier Images. Toutes les photos du dossier Images – ou celles que vous avez sélectionnées – seront copiées sur le disque, à des fins de sauvegarde ou pour les diffuser autour de vous.

- Choisissez le bouton Graver, dans la barre de commandes de n'importe quel dossier du dossier Documents. Les fichiers qui s'y trouvent seront copiés sur le disque.

- Demandez au logiciel que vous utilisez actuellement d'enregistrer le fichier sur le disque compact plutôt que sur le disque dur.

Quelle que soit la technique choisie, Windows 7 examine scrupuleusement les données puis les grave sur le disque.

4. **Fermez la session de gravure en éjectant le disque.**

Quand vous avez fini de copier des fichiers sur un disque, indiquez-le à Windows 7 en fermant la fenêtre Ordinateur : double-cliquez sur le petit X dans le coin supérieur droit de la fenêtre.

Appuyez ensuite sur le bouton d'éjection du disque, ou cliquez du bouton droit sur l'icône du lecteur, dans Ordinateur, et choisissez Éjecter. Windows 7 ferme la session en veillant à ce que le disque soit lisible par d'autres PC.

Par la suite, vous pouvez graver d'autres fichiers sur le même disque jusqu'à ce que Windows vous informe qu'il est plein. Vous devrez alors mettre fin à la gravure, comme à l'Étape 4 précédemment, insérer un disque vierge puis tout recommencer à partir de l'Étape 1.

Si vous tentez de copier un ensemble de fichiers plus volumineux que ce que peut héberger le disque, Windows 7 le signalera aussitôt. Réduisez le nombre de fichiers à copier sur un disque en les répartissant sur plusieurs.

La plupart des programmes permettent d'enregistrer directement sur un CD. Choisissez Fichier, puis Enregistrer, et sélectionnez le graveur. Insérez un disque dans le lecteur – de préférence pas trop plein – pour démarrer le processus.

Disquettes et cartes mémoire

Les possesseurs d'appareil photo numérique connaissent bien les cartes mémoire, ces petites plaquettes en plastique qui remplacent la pellicule. Windows 7 est capable de lire les photos numériques directement sur l'appareil, pour peu qu'il soit connecté au PC. Mais il est aussi capable de lire les cartes mémoire, une technique prisée par tous ceux qui n'ont pas envie d'utiliser le câble de connexion.

Mais pour cela, le PC doit être équipé d'un lecteur de cartes mémoire dans lequel vous insérez la carte pleine de photos. Pour le PC, le lecteur est représenté par un dossier comme un autre.

Les boutiques d'informatique vendent des lecteurs de cartes mémoire externes acceptant les formats les plus répandus : Compact Flash, Secure Digital, Mini-Secure Digital, Memory Stick, et d'autres encore…

- Un lecteur de cartes mémoire est d'une agréable convivialité : après avoir inséré la carte, vous pouvez ouvrir son dossier dans le PC et voir les miniatures des photos qui s'y trouvent. Toutes les opérations de glisser-déposer, copier-coller et autres manipulations décrites précédemment dans ce chapitre sont applicables. Vous déplacez et organisez vos photos intuitivement.

- Les clés USB sont reconnues par Windows 7 de la même manière que les lecteurs de cartes mémoire : insérez-la dans un port USB et elle apparaît dans le dossier Ordinateur sous la forme d'une icône, prête à être ouverte d'un double-clic.

- Les lecteurs de disquettes n'équipent plus que les PC les plus anciens (NdT : Ils sont parfois proposés en option et il existe aussi des lecteurs de disquettes externes). Ils fonctionnent comme les lecteurs de cartes mémoire : insérez la disquette puis double-cliquez sur son icône dans Ordinateur, pour accéder aux fichiers.

Appuyez sur la touche F5 chaque fois que vous insérez une nouvelle disquette dans le lecteur, afin que Windows 7 mette la fenêtre à jour. Autrement, elle afficherait toujours les fichiers de la disquette précédente (cette formalité n'est obligatoire que pour les disquettes).

Programmes et documents

Chapitre 4

Dans ce chapitre :

- Ouvrir un programme ou un document
- Enregistrer un document
- Couper ou copier, et coller
- Annuler des actions
- Utiliser les programmes livrés avec Windows 7

Dans Windows, les *programmes* – ou logiciels – sont vos outils. Ils vous permettent de calculer, d'écrire et d'abattre des vaisseaux spatiaux. En revanche, les documents sont ce que vous créez à l'aide d'un programme : une feuille de calcul révélant que vous vivez au-dessus de vos moyens, une lettre à l'eau de rose, les scores de vos jeux.

Démarrer un programme

Cliquer sur le bouton Démarrer déploie le menu Démarrer, qui est la rampe de lancement de vos programmes. Ce menu est remarquablement intuitif. Par exemple, si Windows 7 s'aperçoit que vous gravez beaucoup de DVD, le menu Démarrer place l'icône du programme DVD Maker en bonne place dans la liste, comme l'illustre la Figure 4.1.

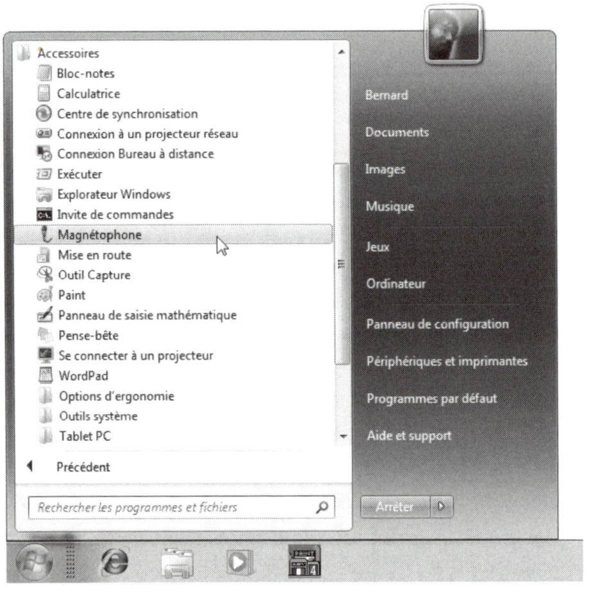

Figure 4.1 : Cliquez sur le bouton Démarrer puis sur le programme à ouvrir.

Votre programme favori n'est pas visible dans le menu Démarrer ? Cliquez sur Tous les programmes, en bas du menu. Il propose une liste exhaustive de tous les programmes installés dans l'ordinateur, dûment répertoriés. Le programme n'est toujours pas visible ? Il se trouve sans aucun doute dans l'un des dossiers de Tous les programmes. Cliquez sur l'un ou l'autre de ces dossiers pour le découvrir (NdT : Ces dossiers portent souvent le nom de l'éditeur du programme).

Après avoir repéré le programme, cliquez sur son nom. Il s'ouvre sur le Bureau, prêt à l'emploi.

Ouvrir un document

Windows 7 adore tout ce qui est normalisé. La preuve ? Tous les programmes chargent les documents – souvent appelés « fichiers » – et les ouvrent de la même manière :

1. **Cliquez sur l'option Fichier, dans la barre de menus située en haut de n'importe quel programme.**

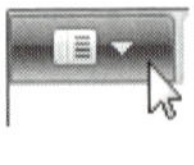

Pas de barre de menus ? Appuyez sur Alt pour la faire apparaître. Toujours pas de barre de menus ? Dans ce cas, c'est sûrement parce que ce programme est doté de la nouvelle présentation des commandes appelée *ruban,* autrement dit un épais bandeau contenant des icônes réunies par groupes. Si c'est le cas, cliquez sur le bouton Office, dans la marge, pour accéder au menu Fichier.

2. **Dans le menu Fichier, choisissez Ouvrir.**

   La boîte de dialogue Ouvrir (Figure 4.2), suscite une impression de déjà-vu, et pour cause : elle ressemble et se comporte comme le dossier Documents décrit au Chapitre 3.

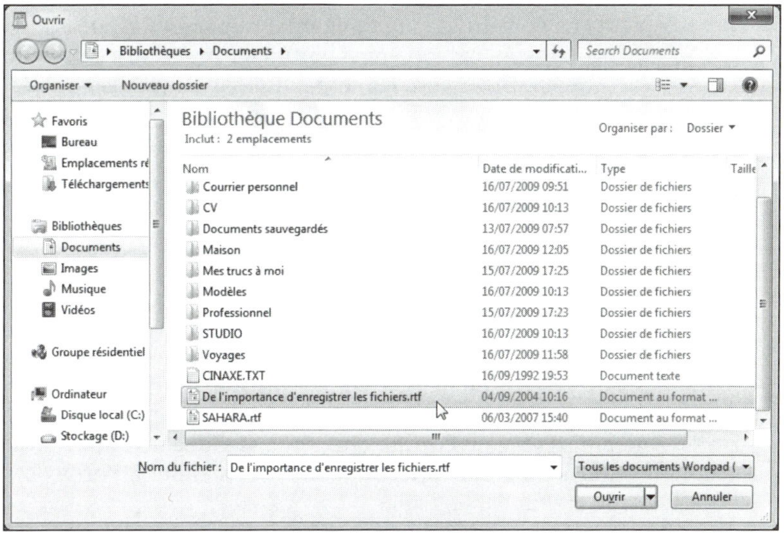

Figure 4.2 : Double-cliquez sur le nom du fichier à ouvrir.

   Il y a cependant une grande différence : cette fois, le dossier ne montre que les fichiers que le programme est capable d'ouvrir. Il exclut tous les autres.

3. **Vous avez vu la liste de documents dans la boîte de dialogue Ouvrir, à la Figure 4.2 ? Cliquez sur le document désiré puis cliquez sur le bouton Ouvrir.**

   Le programme ouvre le fichier et affiche son contenu.

Cette technique d'ouverture d'un fichier fonctionne avec la plupart des programmes sous Windows, qu'ils aient été édités par Microsoft, par un autre éditeur, ou programmé par le boutonneux féru d'informatique au coin de la rue.

Pour aller plus vite, double-cliquez sur le nom du fichier désiré. Il est aussitôt ouvert, la boîte de dialogue Ouvrir se fermant toute seule.

- Si le fichier désiré ne figure pas dans la liste, commencez à parcourir le disque dur avec les boutons visible à gauche, dans la Figure 4.2. Par exemple, cliquez sur le dossier Documents pour voir les fichiers qui s'y trouvent.
- Les gens fourrent souvent leurs papiers, photos et CD dans des boîtes en carton, mais l'ordinateur, lui, stocke ses fichiers dans des petits compartiments dûment étiquetés appelés « dossiers ». Double-cliquez sur l'un d'eux pour voir ce qu'il contient, et reportez-vous au Chapitre 3 si la navigation parmi les dossiers vous paraît compliquée.

Enregistrer un document

Enregistrer signifie que vous inscrivez votre travail sur la surface magnétique d'un disque dur ou sur tout autre support afin de le conserver. Tant qu'un travail n'est pas enregistré, il réside dans la mémoire vive de l'ordinateur, qui est vidée dès que l'ordinateur est éteint. Vous devez spécifiquement demander à l'ordinateur d'enregistrer votre travail en lieu sûr.

Fort heureusement, Microsoft a imposé que la même commande Enregistrer apparaisse dans tous les programmes de Windows 7, et cela quel qu'en soit le programmeur ou l'éditeur. Voici plusieurs moyens d'enregistrer un fichier :

- Cliquez sur Fichier, dans la barre de menus, puis choisissez Enregistrer. Windows propose toujours un emplacement par défaut pour stocker le fichier. Acceptez-le ou choisissez-en un autre, le Bureau par exemple. Appuyer sur la touche F puis sur la touche E produit le même résultat.

- Cliquez sur l'icône Enregistrer, dans la barre d'outils.
- Appuyez sur Ctrl + S (ici le S est celui du mot anglais *Save,* « enregistrer »).

Quand vous enregistrez pour la première fois, Windows 7 demande d'indiquer le nom du fichier. Efforcez-vous d'être descriptif et de n'utiliser que des lettres, des chiffres et des espaces (NdT : Tiret, apostrophe, parenthèses et caractères accentués ou à cédille et signe de soulignement sont admis). N'essayez pas d'utiliser un des caractères interdits, décrits au Chapitre 3, car Windows 7 refuserait le nom.

Le petit guide du Couper, Copier et Coller

Windows 7 a emprunté à l'école maternelle les petits ciseaux à bouts ronds et le pot de colle à papier. Enfin, leur version informatique... Vous pouvez électroniquement *couper* ou *copier,* puis *coller* quasiment tout ce que vous voulez, et tout cela avec la plus grande facilité.

Les programmes de Windows sont conçus pour travailler ensemble et partager des données, ce qui permet par exemple de placer très facilement le plan d'un quartier, préalablement numérisé avec un scanner, sur le carton d'invitation créé avec WordPad. Vous pouvez déplacer des fichiers en les coupant ou en les copiant, et en les collant ensuite à un autre emplacement. Rien n'est plus simple, dans un traitement de texte, que de couper un paragraphe et le coller ailleurs.

Avec Windows 7, toutes ces opérations s'effectuent sans peine parmi les fenêtres.

Sélectionner les éléments à couper ou à copier

Avant de trimballer des éléments ailleurs, vous devez indiquer à Windows 7 desquels il s'agit. Le meilleur moyen est de les sélectionner à la souris. Il suffit généralement de cliquer dessus, ce qui met les éléments en surbrillance.

Pour sélectionner du texte dans un document, un site Web ou une feuille de calcul, placez le pointeur de la souris au début des données à sélectionner puis cliquez et maintenez le bouton enfoncé. Tirez ensuite la souris jusqu'à l'autre bout des données. Cette action surligne – met en surbrillance – tout ce qui se trouvait entre le clic et l'endroit où vous avez libéré le bouton, comme l'illustre la Figure 4.3.

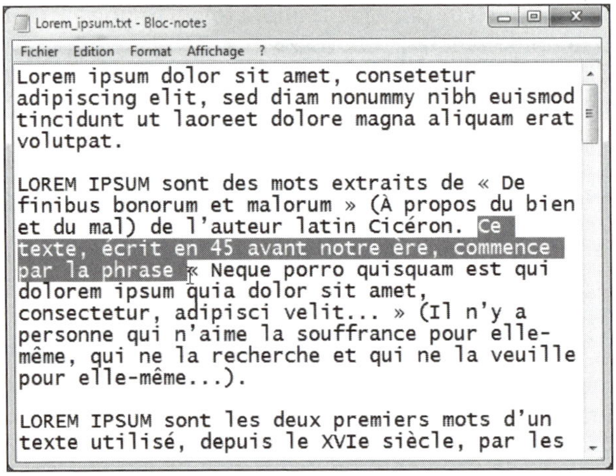

Figure 4.3 : Windows surligne le texte sélectionné – il le met en surbrillance – avec une autre couleur pour mieux le mettre en évidence.

Quand vous travaillez sur des mots, dans Windows 7, ces raccourcis vous aident à sélectionner rapidement des données :

- Pour sélectionner une seule lettre ou caractère, cliquez juste avant. Ensuite, la touche Majuscule enfoncée, appuyez sur la touche fléchée Droite. Maintenez-la enfoncée pour sélectionner davantage de texte.
- Pour ne sélectionner qu'un mot, double-cliquez dessus. Le mot est surligné. La plupart des traitements de texte permettent de déplacer un ou plusieurs mots sélectionnés par un glisser-déposer.
- Pour sélectionner une seule ligne de texte, cliquez dans la marge, à la hauteur de la ligne. Le bouton de la souris enfoncé, tirez vers le haut ou vers le bas pour ajouter d'autres lignes à la sélection. Vous pouvez aussi ajouter des lignes en appuyant, touche Majuscule enfoncée, sur les touches fléchées Haut et Bas.
- Pour sélectionner un paragraphe, double-cliquez dans sa marge gauche. Le bouton enfoncé, déplacez la souris vers le haut ou vers le bas pour ajouter d'autres paragraphes à la sélection.
- Pour sélectionner la totalité d'un document, appuyez sur les touches Ctrl + A. Ou alors, choisissez Sélectionner tout, dans le menu Édition.

Couper ou coller une sélection

Après avoir sélectionné des données, vous pouvez commencer à les manipuler, notamment les couper ou les copier, voire les supprimer en appuyant sur la touche Suppr.

Après avoir sélectionné un élément, cliquez dessus du bouton droit. Dans le menu contextuel, choisissez Couper ou Copier, selon vos besoins, comme le montre la Figure 4.4. Ensuite, cliquez dans la destination et choisissez Coller.

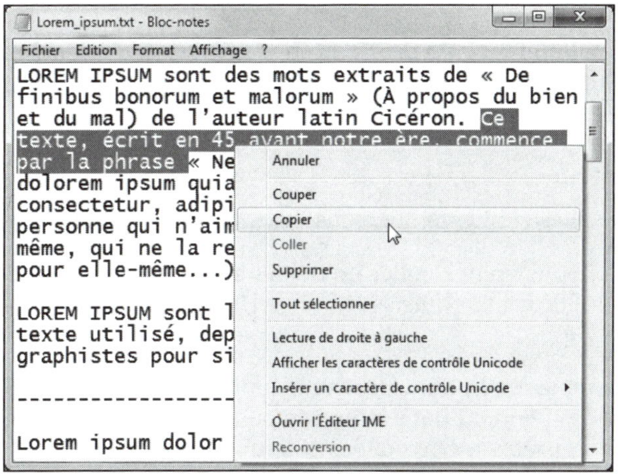

Figure 4.4 : Pour copier une sélection dans une autre fenêtre, cliquez du bouton droit dans la sélection et choisissez Copier.

Les options Couper et Coller sont fondamentalement différentes. Laquelle des deux faut-il choisir ?

- **Choisissez Couper pour déplacer des données.** Cette commande supprime les données sélectionnées, mais elles ne sont pas perdues. Windows les conserve en effet dans une fenêtre cachée de Windows, le Presse-papiers.

Vous pouvez couper et coller des fichiers entiers dans différents dossiers. Quand vous coupez un fichier dans un dossier, l'icône du fichier s'assombrit jusqu'à ce que vous l'ayez collé (la faire disparaître serait trop stressant). Vous changez d'avis au cours de la manipulation ? Appuyez sur la touche Échap et l'icône redevient normale.

- **Choisissez Copier pour dupliquer des données.** Lorsque vous utilisez cette commande, rien ne semble se passer à l'écran, car les données originales subsistent. Elles n'en sont pas moins copiées dans le Presse-papiers.

Coller les données

Les données coupées ou copiées, qui résident à présent dans le Presse-papiers de Windows, sont prêtes à être collées à presque n'importe quel emplacement.

Coller est une opération relativement simple :

1. **Ouvrez la fenêtre de destination et cliquez là où les données doivent apparaître.**
2. **Cliquez du bouton droit et, dans le menu déroulant, choisissez Coller.**

   Et hop ! Les éléments que vous aviez coupés ou copiés apparaissent.

Ou alors, si vous voulez coller un fichier sur le Bureau, cliquez du bouton droit sur le Bureau et choisissez Coller. L'icône du fichier apparaît là où vous avez cliqué.

- La commande Coller insère une copie des données résidant dans le Presse-papiers. Elles y restent, prêtes à être collées ailleurs autant de fois que vous le désirez.
- La barre d'outils ou le ruban de nombreux programmes contient des boutons Couper, Copier et Coller, comme le montre la Figure 4.5.

Figure 4.5 : Les boutons Couper, Copier et Coller d'un ruban.

Annuler des actions

Windows propose une foule de manières d'exécuter une même action, mais quatre seulement pour accéder à la commande Annuler et corriger ainsi vos bourdes :

- La touche Ctrl enfoncée, appuyez sur Z. La dernière action est annulée. Si le programme comporte un bouton Rétablir, vous pouvez annuler une annulation.

- La touche Alt enfoncée, appuyez sur la touche Retour arrière. Windows fait marche arrière et récupère ce que vous venez de supprimer.
- Cliquez sur Édition et, dans le menu, choisissez Annuler. La dernière commande est aussitôt annulée.
- La touche Alt enfoncée, appuyez sur la touche E (comme Édition) puis A (comme Annuler). La dernière action est annulée.

Ne vous compliquez pas la vie à apprendre toutes ces techniques. Retenez Ctrl + Z et oubliez toutes les autres.

Les programmes livrés avec Windows 7

Windows 7, la version la plus sophistiquée de Windows, est livré avec quelques programmes comme un lecteur de musique, un graveur de DVD et un petit traitement de texte. Ces « plus » font le bonheur des utilisateurs, dont certains ont la naïveté de croire que ces programmes sont gratuits. En fait, leur coût a été intégré à celui de Windows. Ils ne sont pas plus gratuits que l'autoradio de votre voiture ou sa climatisation.

Windows 7 contient beaucoup moins de programmes que Windows Vista ou XP. Le logiciel de message, Mail, n'est plus fourni. Le programme d'archivage et de retouche Galerie de photos Windows, le logiciel de montage vidéo Movie Maker et le Calendrier Windows ont subi le même sort. Les trois premiers ont été remplacés par des programmes téléchargeables étudiés dans la cinquième partie de ce livre.

Ce chapitre se concentre sur l'un des plus importants des petits programmes accompagnant Windows 7 : le traitement de texte WordPad.

Écrire des lettres avec WordPad

WordPad est loin d'être aussi perfectionné que les onéreux traitements de texte professionnels. Il ne peut ni créer des tableaux, ni présenter du texte sur plusieurs colonnes comme celle d'un journal ou d'un bulletin d'informations, et ne permet pas de régler l'interlignage. Et bien sûr, il est dépourvu de correcteur orthographique.

En revanche, il est parfait pour rédiger des lettres, des rapports simples et autres tâches élémentaires. Vous pouvez choisir la police de caractères. Et, comme tous les utilisateurs de Windows ont WordPad, la plupart des possesseurs d'ordinateur peuvent lire les fichiers.

Pour ouvrir WordPad, cliquez le bouton Démarrer, choisissez Tous les programmes, puis Accessoires et cliquez sur WordPad. WordPad apparaît à l'écran avec ses habits neufs : le nouveau ruban que montre la Figure 4.6

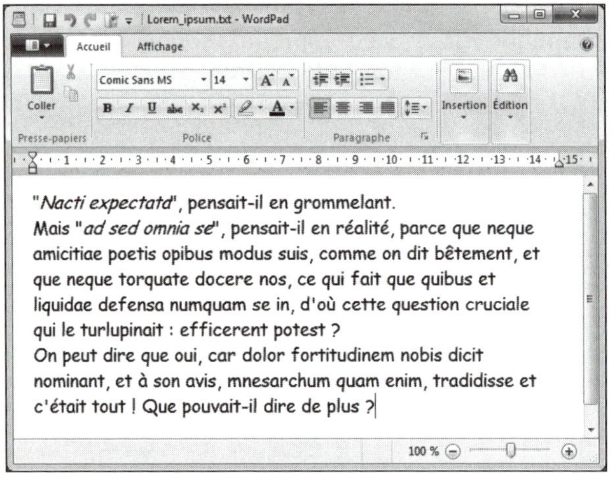

Figure 4.6 : L'interface à rubans contient des boutons au lieu de menus. Chaque onglet affiche un ruban différent.

- Pour changer de police dans WordPad, sélectionnez les mots à modifier, ou la totalité du document en choisissant Sélectionner tout, dans la zone Édition du ruban. Choisissez ensuite une typographie dans le menu déroulant Police. Le texte sélectionné change d'aspect au fur et à mesure que vous parcourez les polices disponibles. Cliquez sur celle qui vous plaît et WordPad l'affiche.

- WordPad est capable de lire les fichiers créés avec Word 2007, mais sans tenir compte des éventuelles mises en forme sophistiquées.

- Eh non, il n'est pas possible de se passer du ruban et revenir à l'ancienne interface à base de menus !

- Vous voulez connaître les raccourcis associés aux différentes commandes ? Maintenez la touche Alt enfoncée et une lettre apparaît à côté de chacun d'eux. Appuyez sur une des lettres affichées pour exécuter la commande correspondante (eh oui, c'est moins commode que l'ancien système à menus).

- Insérez rapidement la date et l'heure courantes en choisissant, dans le menu Insertion, l'option Date et heure. Sélectionnez ensuite une des présentations proposées et cliquez sur OK.

Faire bonne impression

Chapitre 5

Dans ce chapitre :

- Imprimer vos œuvres
- Configurer la mise en page
- Régler les paramètres d'impression
- Annuler une impression
- Imprimer une page Web

Il vous arrivera parfois d'extraire des données de leur univers virtuel afin de les coucher sur un support plus tangible : une feuille de papier.

Ce chapitre est consacré à l'impression (pas celle que vous produisez, mais celle que vous faites, ou inversement). Vous apprendrez comment faire tenir un document sur une feuille sans qu'il soit tronqué.

Imprimer vos œuvres

Windows 7 connaît une bonne demi-douzaine de façons d'envoyer votre travail à l'imprimante. Voici les plus connues :

- Choisir l'option Imprimer, dans le menu Fichier.
- Cliquer sur l'icône Imprimer (généralement ornée dune petite imprimante).
- Cliquez du bouton droit sur l'icône d'un document et choisir Imprimer.
- Cliquer sur le bouton Imprimer, dans la barre d'outils ou de commandes d'un programme.
- Faire glisser l'icône d'un document et la déposer sur l'icône de l'imprimante.

Si une boîte de dialogue apparaît, cliquez sur OK, et Windows 7 envoie aussitôt la page à l'imprimante. Pour peu que l'imprimante soit allumée et contienne de l'encre et du papier, Windows se charge de tout en tâche de fond, pendant que vous continuez à travailler.

Si la page n'est pas bien imprimée – texte tronqué, caractères grisâtres... –, vous devrez modifier les paramètres d'impression, comme l'expliquent les sections qui suivent.

Si une page de l'aide de Windows vous paraît utile, cliquez dessus du bouton droit et choisissez Imprimer. Ou alors, cliquez sur l'icône Imprimer, si vous en voyez une.

- Pour accéder rapidement à l'imprimante, ajoutez un raccourci sur le Bureau : ouvrez le menu Démarrer, choisissez Périphériques et imprimantes, cliquez du bouton droit sur l'icône de l'imprimante et choisissez Créer un raccourci. Pour imprimer, il suffira désormais de déposer l'icône du document sur l'icône de l'imprimante. Pour configurer l'imprimante, cliquez du bouton droit sur l'icône et choisissez Propriétés de l'imprimante.
- Pour imprimer rapidement un lot de documents, sélectionnez toutes les icônes. Cliquez ensuite du bouton droit dans la sélection et choisissez Imprimer. Windows 7 les envoie tous à l'imprimante, d'où ils émergeront les uns après les autres.

Configurer la mise en page

En théorie, Windows affiche toujours votre travail tel qu'il sera imprimé. C'est que les Anglo-saxons appellent WYSIWYG (*What You See Is What*

You Get, « ce que vous voyez est ce que vous obtiendrez ». Si ce que vous imprimez diffère sensiblement de ce qui était affiché, un petit tour dans la boîte de dialogue Mise en page s'impose (Figure 5.1).

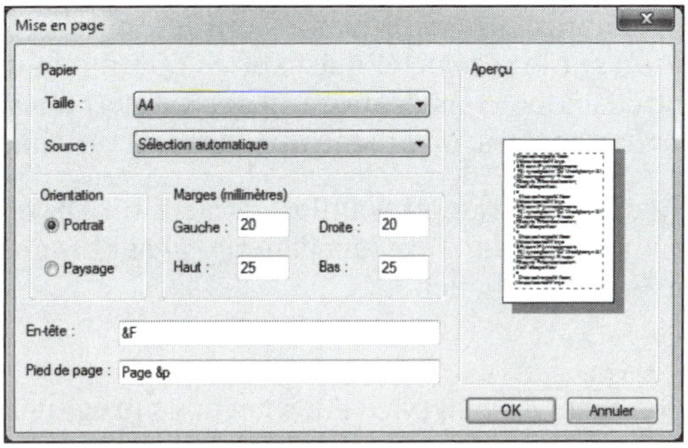

Figure 5.1 : Choisissez l'option Mise en page dans le menu Fichier d'un programme, pour peaufiner le positionnement de votre travail dans la feuille de papier.

L'option Mise en page, qui figure dans le menu Fichier de la plupart des programmes, sert à peaufiner le positionnement du document dans la page. La boîte de dialogue n'est pas la même d'un programme à un autre, mais le principe général ne change guère. Voici les paramètres les plus courants et à quoi ils servent :

- **Taille :** Indique au programme le format du papier actuellement utilisé. Laissez cette option sur A4 afin d'utiliser les feuilles normalisées, ou choisissez un autre format (A3, A5, Enveloppe…) le cas échéant.
- **Source :** Choisissez Sélection automatique ou Bac, à moins que vous possédiez une de ces imprimantes haut de gamme alimentées par plusieurs bacs de feuilles de divers formats. Quelques imprimantes proposent une option Feuille à feuille, où vous devez manuellement introduire chaque feuille.
- **En-tête** et **Pied de page :** Vous tapez un code spécial, dans ces zones, pour indiquer à l'imprimante ce qu'elle doit y placer : numéro de page, date et heure, nom et/ou chemin du fichier… Par exemple, à la Figure 5.1, le code `&F`, dans le champ En-tête et le code `Page &p`, dans le pied de page, impriment le nom du fichier en haut de chaque feuille, ainsi que le mot « Page » suivi de son numéro en bas de la feuille.
- **Orientation :** Laissez cette option sur Portrait pour imprimer des pages en hauteur, mais choisissez Paysage si vous préférez imprimer en largeur. Cette option est commode pour les tableaux (notez qu'il n'est pas nécessaire d'introduire le papier de côté, dans une imprimante à large laize).

- **Marges :** Réduisez les marges pour faire tenir plus de texte dans une feuille. Il faut parfois les régler lorsqu'un document a été créé sur un autre ordinateur.
- **Imprimante :** Si plusieurs imprimantes ont été installées dans l'ordinateur ou sur le réseau, cliquez sur ce bouton pour sélectionner celle que vous désirez utiliser. Cliquez aussi ici pour modifier ses paramètres, une tâche abordée à la prochaine section.

Après avoir configuré les paramètres utiles, cliquez sur OK pour les mémoriser. Et revoyez une dernière fois l'aperçu avant impression pour vous assurer que tout est correct.

Pour trouver la boîte de dialogue Mise en page dans certains programmes, dont Internet Explorer, cliquez sur la petite flèche près de l'icône de l'imprimante et choisissez Mise en page, dans le menu.

Régler les paramètres d'impression

Quand vous choisissez Imprimer, dans le menu Fichier d'un programme, Windows vous offre une dernière chance de peaufiner la page. La boîte de dialogue de la Figure 5.2 permet de diriger l'impression vers n'importe quelle imprimante installée dans l'ordinateur ou sur le réseau. Pendant que vous y êtes, il est encore possible de régler les paramètres d'impression, choisir la qualité du papier et sélectionner les pages à imprimer.

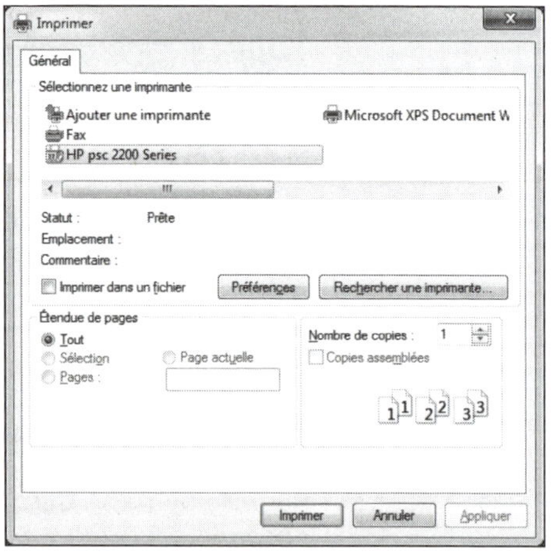

Figure 5.2 : La boîte de dialogue Imprimer permet de choisir l'imprimante et de la paramétrer.

Vous trouverez très certainement ces paramètres dans la boîte de dialogue :

- **Sélectionnez une imprimante :** Ignorez cette option si vous n'avez qu'une seule imprimante, car Windows la sélectionne automatiquement. Mais si l'ordinateur accède à plusieurs imprimantes, c'est ici que vous en choisirez une.

L'imprimante que vous risquez de trouver dans Windows 7, nommée Microsoft XPS Document Writer, envoie votre travail dans un fichier au format particulier, généralement pour être utilisé par un imprimeur ou tout autre professionnel de la PAO (Publication Assistée par Ordinateur). Vous n'utiliserez probablement jamais cette imprimante virtuelle.

- **Étendue de pages :** Sélectionnez Tout, pour imprimer la totalité du document. Pour n'imprimer qu'une partie des pages, sélectionnez l'option Pages et indiquez celle(s) qu'il faut imprimer. Par exemple, si vous tapez **1-4, 6**, vous imprimez les quatre premières pages d'un document ainsi que la sixième, mais ni la cinquième, ni les autres. Si vous avez sélectionné un paragraphe, choisissez Sélection pour n'imprimer que lui. C'est un excellent moyen pour n'imprimer que les parties intéressantes d'une page Web, et non la totalité (qui peut être fort longue).

- **Nombre de copies :** Le plus souvent, les gens n'impriment qu'un exemplaire. Mais s'il vous en faut davantage, c'est ici que vous l'indiquerez. L'option Copies assemblées n'est utilisable que si l'imprimante dispose de cette fonctionnalité, ce qui est rare ; vous devrez trier les feuilles vous-même.

- **Préférences :** Cliquez sur ce bouton pour accéder à la boîte de dialogue de la Figure 5.3, où vous choisissez les options spécifiques à votre modèle d'imprimante. Elle permet notamment de sélectionner différents grammages de papier, de choisir entre l'impression en couleur ou en niveaux de gris, de régler la qualité de l'impression et de procéder à des corrections de dernière minute de la mise en page.

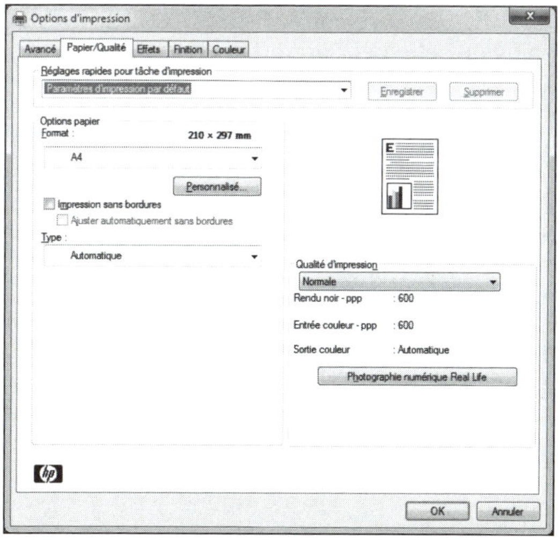

Figure 5.3 : La boîte de dialogue Préférences règle les paramètres spécifiques à votre imprimante, notamment le type de papier et la qualité d'impression.

Annuler une impression

Vous venez de réaliser qu'il ne fallait surtout pas envoyer le document de 26 pages vers l'imprimante ? Dans la panique, vous êtes tenté de l'éteindre tout de suite. Ce serait une erreur car après le rallumage, la plupart des imprimantes reprennent automatiquement l'impression.

Procédez comme pour purger le document de la mémoire de l'imprimante après l'avoir éteinte :

1. **Cliquez sur le bouton Démarrer puis sur le bouton Périphériques et imprimantes.**

2. **Cliquez du bouton droit sur le nom de l'imprimante ou sur son icône et dans le menu contextuel, choisissez Afficher les travaux d'impression en cours.**

   La boîte de dialogue de la Figure 5.4 apparaît. Elle contient la file d'attente des travaux à imprimer.

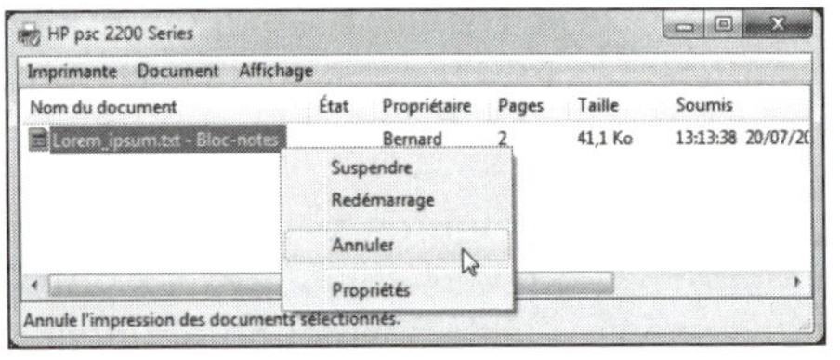

Figure 5.4 : Ôtez un document de la file d'attente pour annuler son impression.

3. **Cliquez du bouton droit sur le document incriminé et choisissez Annuler.**

   Faites-en éventuellement autant pour d'autres documents à ne pas imprimer.

Un délai d'une minute ou deux est parfois nécessaire pour qu'une annulation soit prise en compte. Pour accélérer les choses, cliquez sur Affichage > Actualiser. Lorsque la liste d'attente est purgée, ou que seuls subsistent les documents à imprimer, rallumez l'imprimante. Les travaux annulés ne seront pas imprimés.

- La file d'attente – appelée aussi « spouleur » – répertorie tous les documents qui attendent patiemment leur tour pour être imprimés. Vous pouvez modifier l'ordre par des glisser-déposer. En revanche, et en toute logique, rien ne peut être placé avant le document en cours d'impression.

- L'imprimante branchée à votre PC est partagée par plusieurs utilisateurs, sur un réseau ? Les travaux envoyés par les autres ordinateurs, PC ou Mac, se retrouvent dans votre file d'attente. C'est donc à vous d'annuler ceux qui ne doivent pas être imprimés.
- Si l'imprimante s'arrête en cours d'impression faute de papier, ajoutez-en. Vous devrez appuyer sur un bouton de l'imprimante pour reprendre l'impression. Ou alors, ouvrez la file d'attente, cliquez du bouton droit sur le document et choisissez Redémarrer.

Vous pouvez envoyer des documents vers une imprimante même quand vous travaillez au bistrot du coin avec votre ordinateur portable. Quand vous le connectez à l'imprimante du bureau, la file d'attente s'en aperçoit et envoie vos fichiers. Attention : une fois qu'ils ont été placés dans la file d'attente, les documents sont mis en forme pour l'imprimante en question. Si par la suite vous connectez le portable à un autre modèle d'imprimante, l'impression ne sera peut-être pas correcte.

Imprimer une page Web

Très tentante de prime abord, l'impression des pages Web est rarement satisfaisante, notamment à cause de la marge droite qui tronque souvent la fin des lignes. La phénoménale longueur de certaines pages, ou les caractères si petits qu'ils sont à peine lisibles, font aussi partie des inconvénients.

Pire, la débauche de couleurs des publicités peut pomper les cartouches d'encre en un rien de temps. Quatre solutions sont cependant envisageables pour imprimer correctement des pages Web. Les voici par ordre d'efficacité décroissante :

- **Utilisez l'option Imprimer intégrée à la page Web.** Quelques sites Web proposent une discrète option Imprimer cette page, ou Version texte, ou Optimisé pour l'impression, *etc.* Elle élimine tout le superflu des pages Web et refait la mise en page en fonction des feuilles de papier. C'est le moyen le plus sûr d'imprimer une page Web.
- **Dans le navigateur Web, choisissez Fichier puis Imprimer.** Au bout de 15 ans, certains concepteurs de pages Web ont enfin compris que des visiteurs impriment leurs pages. Ils se sont donc débrouillés pour qu'elles se remettent d'elles-mêmes en forme lors de l'impression.

- **Copier la partie qui vous intéresse et la coller dans WordPad.** Sélectionnez le texte désiré, copiez-le et collez-le dans WordPad ou n'importe quel traitement de texte. Profitez-en pour supprimer les éléments indésirables ou superflus. Réglez les marges et imprimez tout ou une partie seulement. Le Chapitre 4 explique comment copier et coller.

- **Copier la totalité de la page Web et la coller dans un traitement de texte.** C'est beaucoup de travail, mais cela fonctionne. Choisissez Sélectionner tout, dans le menu Édition d'Internet Explorer. Choisissez ensuite Copier – qui est dans le même menu – ou appuyez sur Ctrl + C. Ouvrez ensuite Microsoft Word ou un autre traitement de texte haut de gamme, et collez-y le document. En coupant les éléments indésirables et en remettant les paragraphes en forme, vous obtiendrez un document parfaitement imprimable.

Ces conseils vous aideront eux aussi à coucher une page Web sur papier :

- Si une page vous intéresse, mais qu'elle n'a pas d'option d'impression, envoyez-la à vous-même par courrier électronique. L'impression de ce message sera peut-être plus réussie.

- Pour n'imprimer que quelques paragraphes d'une page Web, sélectionnez-les avec la souris (la sélection est expliquée au Chapitre 4). Dans Internet Explorer, choisissez Fichier, puis Imprimer. La boîte de dialogue de la Figure 5.2 s'ouvre. À la rubrique Étendue de pages, cliquez sur Sélection.

Si dans une page Web, un tableau ou une photo dépasse du bord droit, essayez de l'imprimer en mode Paysage plutôt que Portrait.

Surfer sur le Web

Chapitre 6

Dans ce chapitre :

- Savoir ce qu'est un fournisseur d'accès
- Configurer Internet Explorer pour la première fois
- Naviguer sur le Web
- Trouver des informations sur l'Internet
- Télécharger un fichier

Ce chapitre explique comment se connecter à l'Internet pour visiter des sites Web et découvrir toutes les bonnes choses que le « réseau des réseaux » peut vous apporter.

Le FAI, fournisseur d'accès Internet

Trois éléments sont indispensables pour se connecter à l'Internet : un ordinateur, un navigateur Web, et… un fournisseur d'accès Internet, ou FAI.

Vous avez l'ordinateur et Windows 7 est livré avec un navigateur Web nommé Internet Explorer.

Il ne reste plus qu'à choisir le fournisseur Internet. Pour vous renseigner sur les principales offres, commencez par visiter le site `www.lesproviders.com/joomla/` ; son dossier « Les fiches des offres » est extrêmement précis et surtout à jour, ce qui est important pour les coûts, sans cesse changeants. Vous voulez aussi avoir une idée des performances d'une connexion (débit, régularité…) ? Allez sur le site `www.grenouille.com` ; sa rubrique « La météo du net » teste la qualité des connexions en temps réel ou avec quelques heures de décalage de près d'une centaine de fournisseurs d'accès.

Il existe plusieurs manières de se connecter à l'Internet :

- **Le modem téléphonique :** la connexion est établie au travers de la ligne téléphonique utilisée pour converser. Ce procédé archaïque est très lent (56 kilobits par seconde maximum), onéreux car facturé à la durée, et empêche d'utiliser la ligne téléphonique vocale pendant la connexion Internet. Un périphérique spécial, le modem, est nécessaire.

- **Le haut débit :** le câble ou l'ADSL (*Asymetrical Digital Subscriber Line,* ligne d'abonné numérique asymétrique) autorise des connexions extrêmement rapides, jusqu'à 20 mégabits par seconde. L'offre est souvent couplée à d'autres services, comme la téléphonie et la télévision par Internet (offre dite *triple play*).

- **Le très haut débit :** réservé aux zones desservies par le câble ou la fibre optique, ce type de connexion autorise des débits jusqu'à 100 mégabits par seconde.

- **La connexion au réseau de téléphonie mobile :** cette connexion encore onéreuse (environ 7 euros de l'heure) permet à un ordinateur portable de se connecter à un réseau GPRS, EDGE, 3G ou 3G+. Le débit varie selon le réseau auquel l'ordinateur est connecté.

- **La connexion par satellite :** dans les régions non desservies par l'ADSL ou le câble, la connexion par satellite permet de se connecter à un réseau à débit moyennement élevé.

Configurer Internet Explorer pour la première fois

Pour vous guider à travers les affres de la configuration d'une connexion Internet, Windows 7 vous soumet un questionnaire. Après avoir obtenu les réponses, il établit la connexion avec votre fournisseur d'accès. Voici ce qu'il vous faut pour commencer :

- **Vos nom d'utilisateur, mot de passe et numéro de téléphone d'accès.** Si vous n'avez pas encore de fournisseur d'accès Internet, le programme peut vous en trouver un (prenez des notes, mais ne vous fiez pas trop aux propositions, car il vous est impossible de faire jouer la concurrence).
- **Une box.** Il s'agit d'un équipement particulier appelé aussi « routeur » vendu ou loué par le fournisseur d'accès. Une box ou un routeur peuvent aussi être achetés dans une boutique informatique. Cet équipement effectue l'interface entre l'ordinateur, auquel il est connecté par un câble réseau ou une liaison sans fil (Wi-Fi) et l'Internet (*via* la ligne ADSL ou le câble).

Chaque fois que la connexion Internet vous fait des misères, relisez les lignes qui suivent en appliquant les étapes. L'assistant de Windows 7 parcourra les différents paramètres, vous permettant de les modifier. Voici comment mettre l'assistant au travail :

1. **Cliquez sur le bouton Démarrer, puis sur le bouton Panneau de configuration.**
2. **Cliquez sur le lien Centre et réseau et partage.**
3. **Dans la section Modifier vos paramètres réseau, cliquez sur Configurer une nouvelle connexion ou un nouveau réseau. .**

   La fenêtre Configurer une connexion ou un réseau apparaît.

   Le panneau affiche les différentes manières par lesquelles votre PC peut se connecter :

   - **Se connecter à Internet :** choisissez cette option si vous vous êtes abonné à un fournisseur d'accès haut débit exigeant pour la connexion un nom d'utilisateur et un mode de passe. Après avoir cliqué, choisissez Configurer une nouvelle connexion, puis Haut débit (PPPoE). Saisissez les informations demandées puis cliquez sur Connecter pour accéder aussitôt à l'Internet (PPoE sont les initiales de *Point-to-Point Protocol over Ethernet*).

- **Configurer une connexion d'Accès à distance :** cette option n'est utilisable que si votre ordinateur est équipé d'un modem RTC (Réseau Téléphonique Commuté). La connexion s'effectue par la ligne vocale de votre téléphone fixe.

4. **Choisissez Configurer une connexion d'accès à distance, et cliquez sur Suivant.**

Si vous n'avez pas branché de modem bas débit sur votre ordinateur, Windows 7 s'en aperçoit. Il affiche alors une fenêtre demandant s'il doit ou non créer la connexion. Si vous possédez un modem RTC, branchez-le. Attendez qu'il soit identifié et installé par Windows 7, puis cliquez sur Recommencer pour relancer la procédure de création de votre connexion bas débit. Sinon, créez cette connexion malgré l'absence du modem en cliquant sur Configurer quand même une connexion.

Comme vous n'avez choisi ni la connexion à haut débit, ni la connexion sans fil, le modem téléphonique est la seule solution. Windows 7 pose quelques questions (Figure 6.1) indispensables pour établir la liaison avec le fournisseur d'accès Internet.

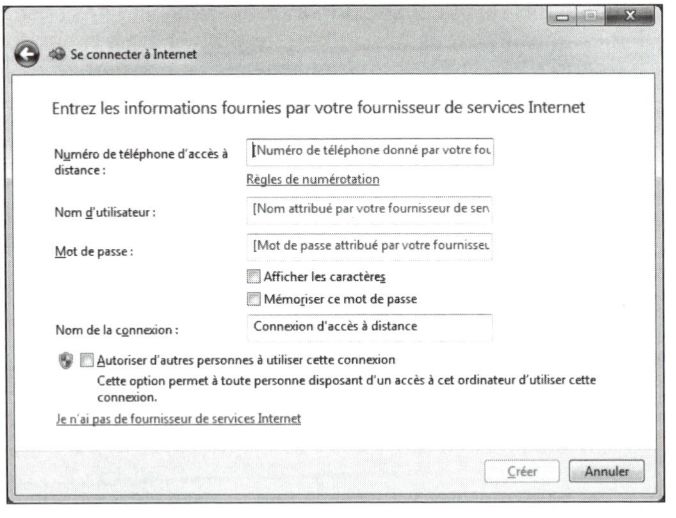

Figure 6.1 : Entrez le numéro de téléphone du FAI, votre nom d'utilisateur et votre mot de passe.

5. **Entrez les informations de connexion au FAI.**

Vous inscrivez ici trois renseignements importants : le numéro de téléphone, votre nom d'utilisateur et le mot de passe, tous détaillés dans les lignes qui suivent :

- **Numéro de téléphone d'accès à distance :** tapez ici le numéro de téléphone qui vous a été communiqué par votre FAI.
- **Nom d'utilisateur :** ce n'est pas forcément le vôtre, mais souvent un code aléatoire, fait de chiffres et de lettres, défini par votre FAI lorsqu'il a créé votre compte. Il comporte parfois la première partie de votre adresse électronique.
- **Mot de passe :** pour être sûr de l'avoir tapé correctement, cochez la case Afficher les caractères. La saisie terminée, décochez-la afin de préserver la confidentialité du mot de passe.

N'oubliez pas de cocher la case Mémoriser ce mot de passe. Vous n'aurez ainsi plus à le taper chaque fois que vous vous connecterez à l'Internet. En revanche, ne cochez pas cette case si vous ne voulez pas que quelqu'un puisse utiliser votre connexion.

- **Nom de la connexion :** c'est le nom que Windows 7 attribue à cette connexion. Choisissez-en un autre, plus descriptif, afin de mieux le reconnaître parmi plusieurs connexions.
- **Autoriser d'autres personnes à utiliser cette connexion :** cochez cette option pour permettre à tous les autres comptes d'utilisateurs de cet ordinateur de se connecter avec cette connexion.

Cliquer sur les mots « Je n'ai pas de fournisseur de services Internet », affiche une fenêtre vous invitant à utiliser le CD-ROM d'un fournisseur.

Cliquez sur le lien Règles de numérotation, sous le numéro de téléphone. Vous pouvez ici entrer des détails comme le pays, l'indicatif régional et le numéro à composer pour obtenir l'extérieur, si la ligne passe par un standard téléphonique. Les utilisateurs d'ordinateurs portables itinérants doivent vérifier les règles de numérotation chaque fois qu'ils changent de lieu de villégiature.

6. **Cliquez sur le bouton Créer.**

   Le PC se connecte à l'Internet. Pour tester la connexion, chargez Internet Explorer, depuis le menu Démarrer, et voyez s'il accède à des sites Web.

Par la suite, il suffira de démarrer Internet Explorer pour vous connecter à l'Internet. Windows établira automatiquement la connexion d'après les paramètres que vous lui avez communiqués.

En cas de problème, appelez le support technique de votre fournisseur d'accès Internet. Un technicien vous aidera à configurer la connexion (mais ce coup de main est généralement onéreux).

Par défaut, Internet Explorer ne raccroche pas automatiquement lorsque vous avez fini de surfer. Pour que le PC interrompe la connexion dès que vous quittez Internet Explorer, choisissez Options Internet, dans le menu Outils, et cliquez sur l'onglet Connexions. Cliquez sur le bouton Paramètres, puis sur Avancé. Enfin, cochez la case Se déconnecter lorsque la connexion n'est plus nécessaire. Cliquez ensuite sur OK.

Naviguer parmi les sites Internet avec Internet Explorer 9

Internet Explorer est ce que l'on appelle un navigateur Web, autrement dit le logiciel qui vous permet de visiter les millions de sites dispersés dans le monde. Il est livré avec Windows 7 (et donc compris dans son prix). D'autres internautes préfèrent d'autres navigateurs, comme Mozilla Firefox, téléchargeable gratuitement depuis le site `http://frenchmozilla.sourceforge.net/`.

En bref, vous n'êtes pas marié avec Internet Explorer. Rien ne vous empêche d'essayer d'autres navigateurs, car tous remplissent à peu près la même fonction : vous faire naviguer d'un site à un autre.

De site en site, de page en page

Tous les navigateurs sont fondamentalement pareils. Chaque page est localisée par son adresse Web, exactement comme votre domicile. Internet Explorer permet de naviguer entre les pages de trois manières :

- En cliquant sur un bouton ou un texte souligné appelé « lien », qui pointe vers une autre page ou un autre site et vous y mène aussitôt.
- En tapant une adresse Web parfois simple, souvent horriblement compliquée dans la barre d'adresse du navigateur, et en appuyant ensuite sur Entrée.

- En cliquant sur les boutons de navigation de la barre d'outils du navigateur, en haut de son interface.

Cliquer sur des liens

C'est le moyen de navigation le plus facile. Recherchez les liens – un mot souligné, un bouton ou une image – et cliquez dessus, comme à la Figure 6.2. Observez comment le pointeur de la souris se transforme en main dès qu'il survole un lien. Cliquez pour atteindre la nouvelle page ou le nouveau site.

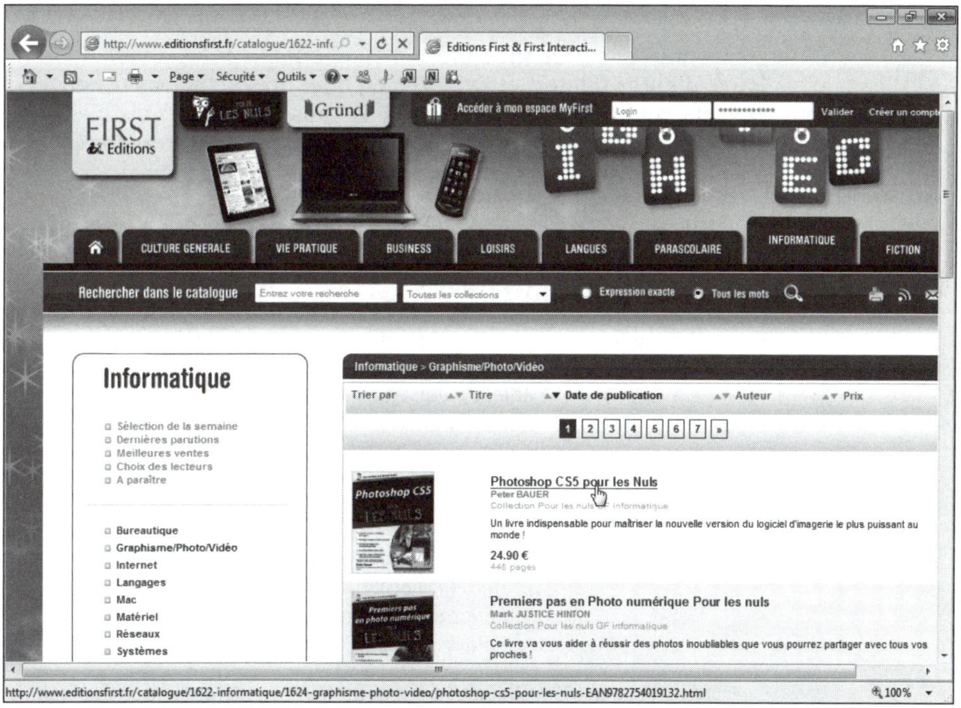

Figure 6.2 : Quand le pointeur de la souris se transforme en main, cela signifie qu'il survole un lien. Cliquez pour aller à la page ou au site vers lequel il pointe.

Saisir une adresse Web dans la barre d'adresse

La deuxième technique est la plus ardue. Si quelqu'un vous a griffonné une adresse Web sur un morceau de papier, vous devrez la taper dans le navigateur. C'est facile tant que l'adresse est simple. Mais certaines sont longues et compliquées, et la moindre faute de frappe empêche d'accéder au site.

Quand un site se termine par com, et uniquement dans ce cas comme dans `www.microsoft.com`, contentez-vous de taper le nom – Microsoft en l'occurrence –, et le navigateur ajoute automatiquement le préfixe `http://www` ainsi que l'extension `.com`. Notez aussi que le préfixe http:// n'est pas indispensable si l'adresse comporte l'élément www. Tapez `www.editionsfirst.fr`, par exemple, et vous accéderez à la page désirée (en revanche, si une adresse est du type `http://siteamoi.fr`, sans le www, vous devrez la saisir en entier).

Utiliser la barre d'outils d'Internet Explorer

Enfin, vous pouvez surfer sur l'Internet en cliquant sur les divers boutons de la barre d'outils d'Internet Explorer, en haut de son interface. Leur fonction est expliquée dans le Tableau 6.1. Tous ne sont pas visibles par défaut : cliquez du bouton droit sur la barre d'outils d'Internet Explorer, puis sélectionnez Barre de commandes pour les afficher.

Tableau 6.1 : Les boutons de navigation d'Internet Explorer.

Bouton	***Nom***	***Utilisation***
	Précédent	Sert à retourner à la page précédente. En cliquant plusieurs fois dessus, vous finissez par revenir au point de départ de la navigation, dans la fenêtre en question.
	Suivant	Après avoir cliqué sur le bouton Précédent, celui-ci permet de revenir dans l'autre sens.
	Favoris	Révèle la liste des liens pointant vers vos sites préférés (Microsoft a déjà placé ses propres sites à cet endroit. Ne vous gênez pas pour les supprimer et remplacez-les par les sites que vous avez choisis).
	Ajouter aux favoris	Cliquez sur ce bouton pour ajouter la page que vous visitez actuellement à la liste de vos favoris.
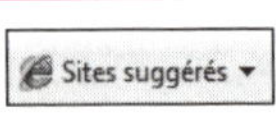	Sites suggérés	Internet Explorer vous incite à cliquer sur ce bouton. Si vous le faites, il vous proposera des sites qui, selon vos habitudes de navigation, devraient vous plaire. Enfin, c'est ce que pense Internet Explorer…

Bouton	***Nom***	***Utilisation***
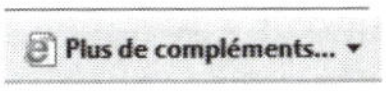	Plus de compléments	Ces mini programmes rendent la navigation sur le Web plus agréable en exécutant des tâches simples, comme ajouter un lien vers Amazon sur un livre mentionné sur une page Web afin que vous puissiez l'acheter (astuce : recherchez les compléments qui bloquent les fenêtres publicitaires).
	Accueil	Si vous vous égarez lors de vos pérégrinations sur le Web, revenez au bercail en cliquant sur le bouton Accueil situé dans la partie supérieur droite de l'interface ou dans la barre de commande d'Internet Explorer. (Cliquez sur le bouton fléché, juste à côté, pour changer la page de démarrage, autrement dit, celle qui s'affiche spontanément lorsque vous démarrez Internet Explorer).
	Flux RSS	Lorsqu'il est illuminé, ce bouton orange indique que le site offre des flux RSS, un moyen rapide de prendre connaissance des gros titres d'un site sans devoir le visiter, ou d'être tenu au courant des modifications du contenu d'un site. Pour voir les titres, cliquez sur le bouton Favoris puis sur l'onglet Flux (là encore, vous pouvez les supprimer).
	Web Slice	Composant du système de flux RSS permettant de lire rapidement les titres d'un site d'informations sans visiter la page elle-même. Les Web Slices apparaissent aussi dans les Favoris, sous l'onglet Flux.
	Lire le courrier	Ce bouton est absolument inopérant… tant que vous n'avez pas installé un logiciel de messagerie, ce que vous apprendrez à faire au Chapitre 7. Car contrairement aux versions précédentes de Windows, celle-ci n'en a pas.
	Imprimer	Démarre l'impression de la page du site que vous visitez. Cliquez d'abord sur la petite flèche à droite pour accéder aux options et obtenir ainsi un aperçu avant impression.
	Page	Cette option s'applique à la page courante : agrandir ou réduire le texte par exemple, ou enregistrer la page dans un fichier.

Bouton	Nom	Utilisation
	Sécurité	Cliquez ici pour supprimer l'historique de navigation, préserver la confidentialité (parfait pour aller sur des sites bancaires) ou vérifier un site douteux.
	Outils	Cliquer sur ce bouton ouvre un menu rempli de paramètres. Vous pourrez notamment configurer le bloqueur de fenêtres intempestives et le filtre anti-hameçonnage.
	Aide	Complètement perdu, dépassé ? Cliquer sur ce bouton donne accès à l'aide d'Internet Explorer.

Ouvrir Internet Explorer sur votre site favori

Votre navigateur Web affiche automatiquement un site Web après la connexion. Cette page de démarrage peut être changée par une autre en procédant ainsi :

1. **Visitez votre site Web favori.**

   Choisissez celui qui vous plaît. Personnellement, j'ouvre mon navigateur sur Google Actualités (`http://news.google.fr/nwshp?hl=fr&tab=wn`) afin de connaître les grands titres de la presse. Mais vous pouvez aussi choisir le portail de votre fournisseur d'accès Internet.

2. **Cliquez sur la petite flèche à droite de l'icône Accueil et choisissez Ajouter ou modifier une page de démarrage.**

   Très sécuritairement, Internet Explorer demande si vous voulez vraiment utiliser cette page comme page d'accueil.

3. **Activez Utiliser cette page comme seule page de démarrage, puis sur Oui.**

   Après avoir cliqué sur Oui, comme à la Figure 6.3, Internet Explorer démarrera toujours sur la page que vous lui avez indiquée.

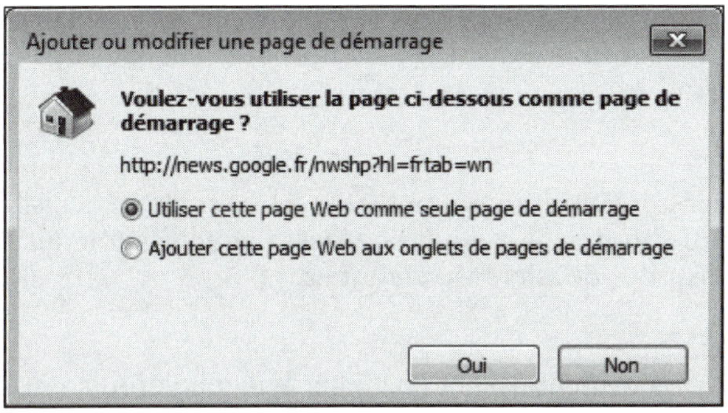

Figure 6.3 : Sélectionnez l'option Utiliser cette page comme seule page de démarrage, et Internet Explorer l'ouvrira systématiquement en premier.

Après le chargement de la page de démarrage, vous pouvez baguenauder librement sur l'Internet, faire des recherches sur Google (`www.google.fr`) ou avec d'autres moteurs de recherche, en cliquant sur divers liens.

- La page d'accueil d'un site Web est l'équivalent de la page de couverture d'un magazine.
- Internet Explorer permet de définir plusieurs pages comme pages de démarrage. Il les charge toutes et les place dans des onglets, vous permettant ainsi de les consulter à votre guise. Pour ajouter des pages de démarrage à votre collection, choisissez l'option Ajouter cette page Web aux onglets de la page de démarrage, à l'Étape 3 de la manipulation précédente (voir Figure 6.3).

Revisiter vos pages favorites

Lors de vos visites, vous voudrez absolument mémoriser l'accès à une page sur laquelle vous avez flashé. Pour pouvoir y retourner rapidement, ajoutez-la à la liste des favoris d'Internet Explorer en procédant ainsi :

1. **Cliquez sur l'icône Ajouter aux favoris, dans la barre d'outils d'Internet Explorer.**

   Un petit menu se déploie.

2. **Dans le menu déroulant, cliquez sur Ajouter aux favoris, puis sur le bouton Ajouter.**

   La boîte de dialogue qui apparaît propose de nommer la page Web par son titre, mais vous pouvez le remplacer par un texte plus explicite et plus concis, mieux adapté à l'étroit menu des favoris. Cliquez ensuite sur le bouton Ajouter pour ajouter la page dans la liste Favoris.

Pour retourner à la page qui vous a tant plu, cliquez sur le bouton Favoris, dans Internet Explorer. Choisissez ensuite la page dans le menu déroulant.

Les gens organisés préfèrent regrouper leurs favoris. Pour ce faire, cliquez du bouton droit sur le bouton Favoris et choisissez Organisation des Favoris. Vous pourrez ainsi créer des dossiers thématiques.

Les favoris n'apparaissent pas dans le menu déroulant lorsque vous cliquez sur le bouton Favoris ? Cliquez sur le mot Favoris, dans la barre de menus. Peut-être regardiez-vous dans l'historique – décrit dans l'encadré – ou consultiez-vous les flux RSS décrits plus loin dans ce chapitre.

Internet Explorer sait où vous étiez

Internet Explorer conserve la trace de tous les sites Web que vous visitez. Bien que sa liste Historique soit très commode, elle peut aussi être un outil de flicage.

Pour voir ce qu'Internet Explorer a mémorisé, cliquez sur le bouton Favoris puis sur l'icône Historique, dans le menu déroulant. Les adresses de tous les sites que vous avez visités ces vingt derniers jours s'y trouvent. En cliquant sur la petite flèche à droite du mot Historique, vous pouvez trier les pages par date, alphabétiquement, par fréquence de visites ou dans l'ordre où vous les avez visitées.

Pour ôter une page de l'historique, cliquez dessus du bouton droit et choisissez Supprimer. Pour supprimer toute la liste, quittez la zone Favoris puis, dans la barre de menus, choisissez Sécurité puis cliquez sur le bouton Supprimer l'historique de navigation. Une boîte de dialogue permet ensuite de supprimer l'historique ainsi que d'autres éléments.

Pour désactiver l'historique, cliquez sur le bouton Outils puis Options Internet. Dans la section Historique de navigation, cliquez sur Paramètres. À la rubrique Historique, mettez à zéro le compteur de l'option Jours pendant lesquels ces pages sont conservées.

Trouver votre bonheur sur l'Internet

De même qu'il est quasiment impossible de retrouver un livre dans une bibliothèque sans la fiche qui indique sa cote, il est impossible de retrouver quoi que soit sur le Web sans un bon index. Fort heureusement, Internet Explorer permet d'accéder à ces index – qui font partie des moteurs de recherche – grâce au champ de recherche Live Search, en haut à droite.

Tapez quelques mots dans le champ Live Search – **orchidées Seychelles**, par exemple – et appuyez sur Entrée. Internet Explorer lance aussitôt la recherche sur Windows Live, le moteur de recherche de Microsoft. Vous pouvez le remplacer par Google (www.google.fr) ou n'importe quel autre moteur de recherche de votre choix.

Télécharger un programme, un son ou un fichier

Parfois, il suffit de cliquer sur un bouton intitulé « Cliquez ici pour télécharger » pour que le téléchargement s'effectue. Il vous est alors demandé d'indiquer le dossier où vous voulez stocker le fichier, généralement Documents ou Téléchargements. La durée du téléchargement peut être de quelques secondes si vous bénéficiez d'une ligne à haut débit (ADSL ou câble) à plusieurs minutes, voire des heures, avec un modem téléphonique.

Mais parfois, un téléchargement peut exiger quelques manipulations supplémentaires :

1. **Cliquez du bouton droit sur le lien pointant vers le fichier désiré et choisissez Enregistrer la cible sous.**

   Par exemple, pour télécharger un morceau de musique, cliquez du bouton droit sur son lien, qui est en fait une image, puis, dans le menu contextuel, choisissez Enregistrer la cible sous.

Quand vous téléchargez un programme, Windows demande si vous désirez l'ouvrir, l'exécuter à partir de son emplacement courant ou l'enregistrer. Choisissez Enregistrer.

2. **Naviguez jusqu'à votre dossier Téléchargements puis cliquez sur le bouton Enregistrer.**

   Windows 7 propose spontanément d'enregistrer le fichier dans le dossier Téléchargements, vous évitant ainsi de devoir naviguer jusqu'à lui. Mais si vous préférez le mettre dans un autre dossier, comme à la Figure 6.4, où le fichier sera stocké dans Documents, sélectionnez-le puis cliquez sur Enregistrer.

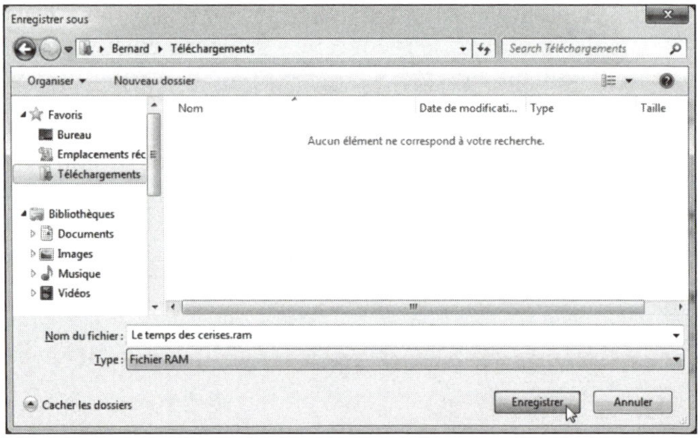

Figure 6.4 : Naviguez jusqu'au dossier où vous désirez stocker le fichier, puis cliquez sur le bouton Enregistrer.

Quel que soit le type de fichier que vous téléchargez, Windows commence à le copier depuis le site Web où il réside et le place dans votre disque dur. Il vous signale ensuite la fin du téléchargement. Vous pourrez ensuite vérifier que le fichier est bel et bien présent dans le dossier de destination.

Avant d'exécuter un programme téléchargé, un écran de veille, un thème pour Windows ou tout autre élément, soumettez-le à votre logiciel antivirus. Comme Windows 7 n'en possède pas, vous devrez vous en procurer un.

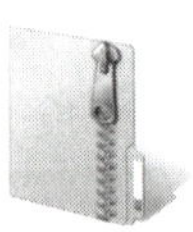

Beaucoup de programmes téléchargés se trouvent dans un fichier préalablement compressé afin de réduire la durée du téléchargement. Un tel fichier est souvent appelé « fichier Zip » ; double-cliquez dessus pour l'ouvrir et décompresser les fichiers qui s'y trouvent.

Envoyer et recevoir du courrier électronique

Chapitre 7

Dans ce chapitre :

- Configurer le courrier électronique
- Envoyer et recevoir une pièce jointe
- Envoyer et recevoir des photos
- Retrouver un courrier égaré
- Gérer les contacts

Ce chapitre décrit Windows Live Mail 2011 ainsi que quelques autres logiciels du même genre qui pourraient vous convenir. Si vous optez pour Live Mail, vous apprendrez ici comment le télécharger et l'installer, le configurer avec vos paramètres de compte, et aussi comment envoyer et recevoir du courrier.

Les options de courrier électronique de Windows 7

Il existe deux types de logiciels de messagerie : la messagerie qui réside sur un site Web auquel vous vous connectez, et la messagerie installée sur votre ordinateur (NdT : Le logiciel installé dans un ordinateur est appelé « client » en jargon informatique, par opposition au logiciel « hôte » installé sur un ordinateur distant, le serveur de messagerie en l'occurrence).

Les messageries fondées sur le Web

Les messageries fondées sur le Web, comme celle de Google (`www.gmail.com`), de Yahoo! (`http://fr.yahoo.com/`) ou encore d'America OnLine (AOL, `www.aol.fr`) (NdT : Et aussi celle de votre fournisseur d'accès comme Orange, Free ou autre…) vous permettent d'envoyer et de recevoir du courrier directement depuis un site Web. Pour relever les messages ou en envoyer, vous accédez au site Web, vous saisissez votre nom d'utilisateur et votre mot de passe, et une page contenant votre courrier électronique apparaît.

- **Avantages :** une messagerie basée sur le Web vous permet d'accéder à votre courrier depuis n'importe quel ordinateur, PC ou Mac, connecté à l'Internet, qu'il se trouve chez vous, dans un hôtel, chez un ami ou au beau milieu du lac d'Annecy si votre ordinateur portable est équipé d'une clé 3G. Une messagerie basée sur le Web est utile si vous possédez plusieurs ordinateurs, car le courrier se trouve à un seul emplacement, au lieu d'être éparpillé dans le disque dur de plusieurs machines.

- **Inconvénients :** vous ne pouvez pas accéder au courrier se trouvant sur le Web, si vous n'êtes pas connecté à l'Internet. Si la connexion est en panne, si l'ordinateur est dans une zone non desservie, ou si le vétuste standard téléphonique de l'hôtel empêche même une connexion par modem, vous ne pourrez pas relever votre courrier ni même accéder aux anciens messages reçus et envoyés. Enfin, la plupart des services de messagerie en ligne gratuits se payent sur la bête – vous – en faisant analyser le courrier par des robots qui tentent de déterminer qui vous êtes afin de vous envoyer de la publicité personnalisée.

Personnellement, c'est la messagerie en ligne Gmail que je préfère. Elle est assez facile à configurer, filtre la plupart des courriers indésirables (spams), est compatible avec plusieurs marques de téléphones mobiles et elle offre plus de 7 gigaoctets d'espace de stockage. De plus, la messagerie Gmail est extensible. Vous pouvez la configurer pour recevoir et stocker du courrier envoyé à d'autres adresses électroniques. Les fonctions de recherche sont aussi rapides et efficaces que celles de Google. Elle autorise l'envoi de pièces jointes jusqu'à 20 mégaoctets, de quoi envoyer bon nombre de photos. Un dernier détail et non des moindres : Gmail est gratuit !

Les messageries installées dans l'ordinateur

Si vous avez déjà utilisé un PC sous Windows précédemment, vous avez sans doute connu l'un de ses logiciels de messagerie, que ce soit Outlook Express ou Windows Mail, son successeur dans Vista. Ces programmes stockent le courrier dans l'ordinateur.

- **Avantages :** beaucoup de logiciels de messagerie, y compris Live Mail, peuvent recevoir des messages envoyés à différentes adresses, ce qui est intéressant lorsque vous utilisez une adresse privée chez Orange (jean.machintruc@orange.fr), par exemple, et une adresse professionnelle au nom de votre société (jmachintruc@dupneu.com). De plus, contrairement à la messagerie sur le Web dont la présentation change parfois, un logiciel de messagerie est immuable, ce qui vous laisse le temps de vous familiariser avec.
- **Inconvénients :** un logiciel de messagerie est un peu plus compliqué à configurer. Il n'accepte pas forcément le courrier comportant une autre adresse. Par exemple, des sociétés près de leurs sous comme Yahoo! font payer le privilège de pouvoir dérouter votre courrier vers votre messagerie, ou d'acheminer celui qui en émane.

Bien que Live Mail fonctionne *grosso modo* comme feu Outlook Express et Windows Mail, il n'est pas le seul logiciel de messagerie sur la place. Son plus grand concurrent est Thunderbird (`www.mozilla-europe.org/fr/`), programmé par la même équipe de programmeurs que celle du navigateur Firefox.

Windows Live Mail 2011 n'est pas fourni en standard avec Windows 7. Pour l'utiliser, vous devez le télécharger et l'installer comme cela est expliqué à la prochaine section.

Installer Windows Live Mail 2011

Windows 7 impose quelques préliminaires avant de pouvoir échanger du courrier électronique depuis votre PC. Vous devez d'abord disposer d'un accès Internet – la procédure de connexion est expliquée au chapitre précédent – pour pouvoir télécharger le programme Live Mail 2011.

Une fois la connexion Internet établie, procédez comme suit pour télécharger et installer Windows Live Mail 2011 :

1. **Allez sur le site Web de Windows Live (`www.download.live.com`) puis cliquez sur le bouton Télécharger afin de télécharger le programme d'installation Windows Live Essentials.**

   Enregistrez le fichier dans le dossier Téléchargements, présent dans le volet de navigation de tous les dossiers.

2. **Dans le dossier Téléchargements, double-cliquez sur le programme d'installation que vous venez de télécharger.**

   Le programme arbore l'icône montrée dans la marge et son nom est wlsetup-web.exe. La fenêtre Contrôle de compte d'utilisateur vous demande de confirmer le démarrage du programme. Cliquez sur Oui et l'installation commence.

3. **Choisissez les programmes de Windows Live que vous désirez installer, puis cliquez sur Installer.**

   Microsoft n'est pas radin. Par défaut, il propose d'installer tous les programmes Live (ils sont succinctement décrits dans l'encadré « Qu'est-ce qu'il y a dans Live ? »). Décochez éventuellement les programmes dont vous ne voulez pas, mais veillez à ce que Mail soit sélectionné.

4. **L'installation proprement dite commence.**

   Une barre de progression indique l'avancement de l'installation. La durée des opérations – de quelques brèves minutes à quelques dizaines de minutes – dépend du débit et de la qualité de la connexion Internet.

5. **À la fin de l'installation, Windows Live propose de choisir quelques paramètres en cochant ou décochant des cases.**

   Par défaut, Windows Live propose de remplacer le moteur de recherche par défaut d'Internet Explorer par Live Search. Si vous en avez déjà choisi un autre, Google par exemple, décochez la case Définir votre moteur de recherche. Windows Mail propose aussi de remplacer la page de démarrage que vous avez éventuellement configurée par celle de MSN. Décochez la case Définir votre page d'accueil si vous ne voulez pas que Microsoft squatte cette page.

6. **Cliquez sur Continuer.**

   Windows vous propose de vous attribuer un identifiant Windows Live ID, autrement dit une adresse de messagerie spécifique pour utiliser le logiciel de conversation Messenger, la messagerie Hotmail ou le service de la console de jeux Xbox LIVE. Si vous estimez n'avoir pas besoin de cette adresse de messagerie supplémentaire, cliquez sur Fermer (si vous êtes déjà inscrit à la messagerie Hotmail, vous avez déjà l'adresse en question).

L'installation terminée, le dossier Windows Live apparaît dans le menu Démarrer/Tous les programmes. Cliquez dessus pour accéder à la liste de tous les programmes, dont Windows Live Mail 2011. Ce programme est d'ailleurs accessible directement depuis Tous les programmes.

Configurer Windows Live Mail 2011

À moins d'avoir créé un compte Windows Live Mail 2011, le programme Live Mail ne connaît pas votre adresse de messagerie, ni quel courrier recevoir ou envoyer. Pour lui fournir tous ces renseignements, vous devrez remplir un formulaire.

Procédez comme suit pour que Live Mail soit capable de gérer votre messagerie :

1. **Démarrez Windows Live Mail 2011.**

   Pour lancer le programme, ouvrez le menu Démarrer/Tous les programmes et cliquez sur l'icône Windows Live Mail 2011. Si vous ne l'apercevez pas, choisissez Tous les programmes > Windows Live > Windows Live Mail 2011.

   Le formulaire de création du compte de messagerie de Windows Live Mail 2011 apparaît à l'écran (voir Figure 7.1).

   Si la fenêtre Ajouter un compte de messagerie n'apparaît pas spontanément, cliquez sur le l'onglet Compte, puis sur le bouton Ajouter un compte de messagerie, dans le volet gauche.

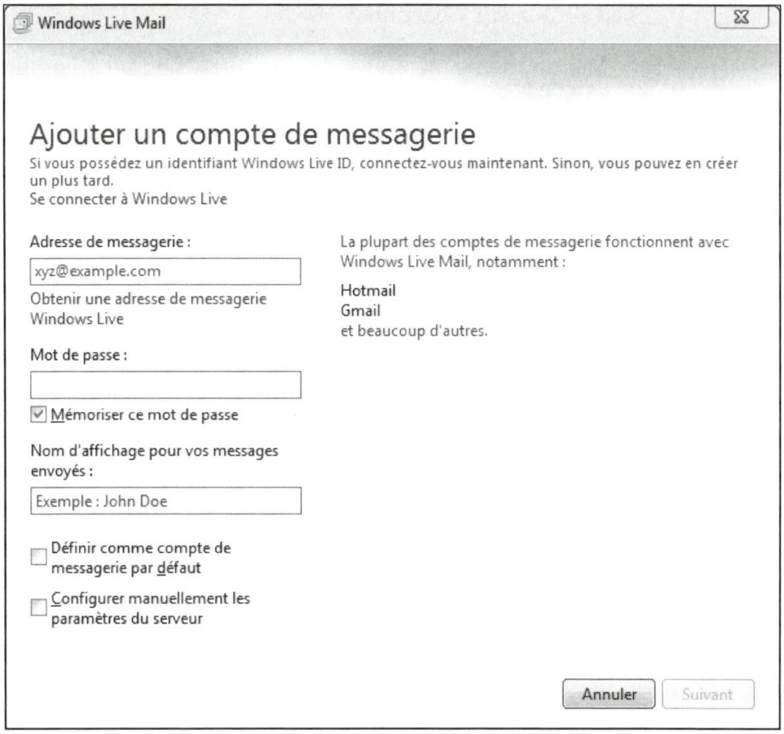

Figure 7.1 : Lors de sa première utilisation, Live Mail demande de créer un compte de messagerie.

2. **Saisissez votre adresse de messagerie, le mot de passe et le nom qui doit être affiché.**

   Si vous avez souscrit un compte Windows Live auparavant, ou si vous avez l'intention d'utiliser votre adresse Hotmail, cliquez simplement sur Suivant et c'est terminé ; Windows Live Mail 2011 se chargera de paramétrer la messagerie.

   Mais si vous utilisez une autre adresse de messagerie, vous devrez communiquer les informations suivantes à Live Mail :

   - **Adresse de messagerie :** elle est composée de votre nom d'utilisateur suivi de l'arobase @, du nom de votre fournisseur d'accès Internet et d'un suffixe. Par exemple, si votre nom d'utilisateur est *jean.machintruc* et que votre adresse de fournisseur d'accès est *orange.fr*, vous devrez saisir « jean.machintruc@orange.fr ».
   - **Mot de passe :** il vous a sans doute été fourni par votre fournisseur d'accès Internet, à moins que vous l'ayez choisi vous-même lorsque vous avez créé un compte en ligne (autrement dit, sur le

Web). Dans tous les cas, majuscules et minuscules sont différenciées : **xyz007** est différent de **xYz007**. Cochez la case Mémoriser le mot de passe afin de ne pas être obligé de le ressaisir chaque fois que vous démarrez Live Mail.

- **Nom d'affichage :** c'est le nom en clair qui apparaît dans le champ De (celui qui, dans un message, contient le nom de l'expéditeur et permet donc de l'identifier facilement). La plupart des gens tapent leur prénom et leur nom.

3. **Cochez la case Configurer manuellement les paramètres de ce compte de messagerie, puis cliquez sur Suivant.**

La fenêtre de la Figure 7.2 apparaît.

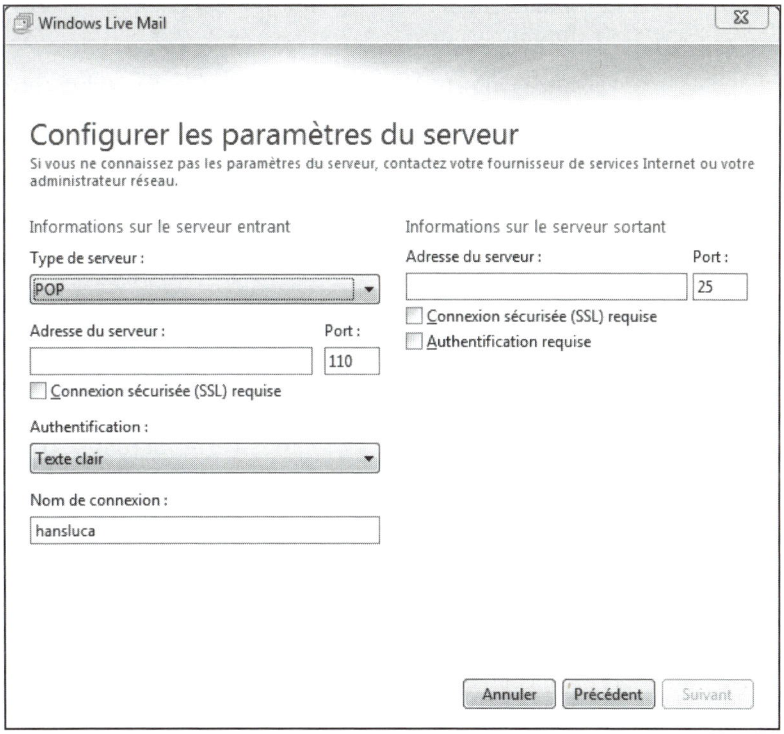

Figure 7.2 : Fournissez les renseignements concernant le courrier entrant et sortant.

4. **Indiquez le type de serveur de messagerie ainsi que les serveurs de courrier entrant et de courrier sortant.**

La fenêtre de la Figure 7.2 est sans doute celle qui intrigue le plus les débutants. Voici de quoi il s'agit :

- **Informations sur le serveur entrant – Type de serveur :** vous devez indiquer ici le protocole utilisé par le serveur : POP3, IMAP ou HTTP. L'information vous est fournie par votre FAI (c'est généralement le protocole POP3).

- **Informations sur le serveur entrant – Adresse du Serveur entrant :** spécifiez l'adresse du serveur auquel vous vous connectez. Par exemple, pour un serveur POP comme celui du FAI Free, vous devez taper « pop.free.fr ».

- **Informations sur le serveur sortant – Adresse du serveur :** indiquez ici le nom du serveur par lequel transite le courrier que vous envoyez. Cette information vous est fournie par votre FAI. C'est généralement la même information que pour le serveur entrant, mais commençant par **smtp**. Ainsi chez Free, l'adresse est smtp.free.fr.

D'autres informations rébarbatives figurent dans cette fenêtre. N'y touchez pas, sauf si votre FAI le demande.

Certains FAI vous envoient ces informations techniques par la poste. Vous trouverez certaines d'entre elles, comme le nom du serveur entrant et du serveur sortant, sur leur site Web. Le support téléphonique peut aussi vous dépanner.

5. **Cliquez sur Suivant.**

   La dernière fenêtre vous félicite. Il n'y a pas de quoi, car Live Mail ne vérifie par la validité de vos paramètres. C'est quand vous utiliserez la messagerie, comme expliqué plus loin à la section « Écrire et envoyer du courrier » que vous verrez si tout se passe bien.

6. **Cliquez sur Terminer.**

Écrire et envoyer du courrier électronique avec Windows Live Mail 2011

La fenêtre de Windows Live Mail 2011 est divisée en trois voire quatre parties : le volet des comptes (ou dossiers), à gauche, contenant les comptes où votre courrier est stocké, la liste des messages, au milieu, montrant le contenu du compte (ou dossier) sélectionné, et le volet de lecture, à droite, qui affiche un aperçu du message sélectionné.

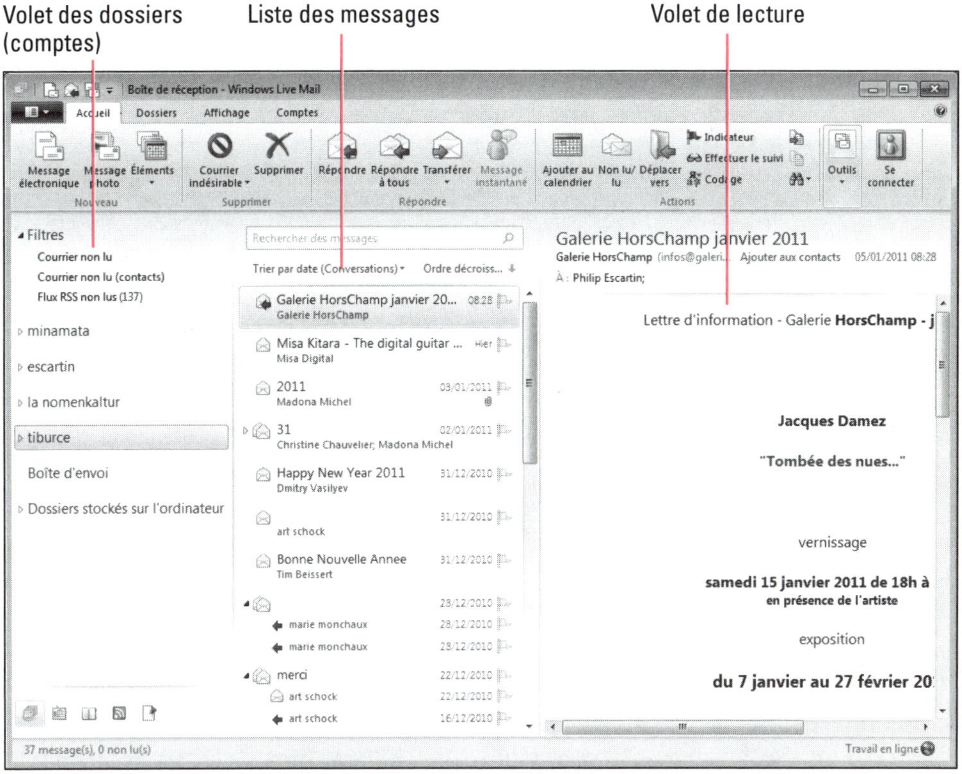

Figure 7.3 : Dans Live Mail, les informations sont présentées dans trois volets.

Le volet des comptes de Live Mail repose sur le bon vieux principe des panières en plastique ou en métal pour classer le courrier reçu, ou en attente d'être posté. Double-cliquez sur un compte pour déployer ses dossiers et voir ce qu'ils contiennent. Pour voir le contenu d'un dossier, cliquez dessus. Les messages apparaissent dans le volet du milieu. Cliquez sur un message et son contenu est affiché à droite.

Rédiger un message

Prêt à envoyer votre premier courrier électronique ? Après avoir configuré votre compte d'utilisateur, procédez comme suit pour écrire une lettre puis l'envoyer à travers le cyberespace jusqu'à son destinataire :

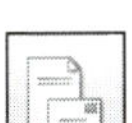

1. **Ouvrez Windows Live Mail 2011 puis, dans l'onglet Accueil, cliquez sur le bouton Message électronique.**

Vous n'aimez pas la souris ? (NdT : C'est pourtant la meilleure partie à l'extrémité du gigot, contre l'os). Appuyez sur Ctrl + N pour ouvrir une nouvelle fenêtre de message, semblable à celle de la Figure 7.4

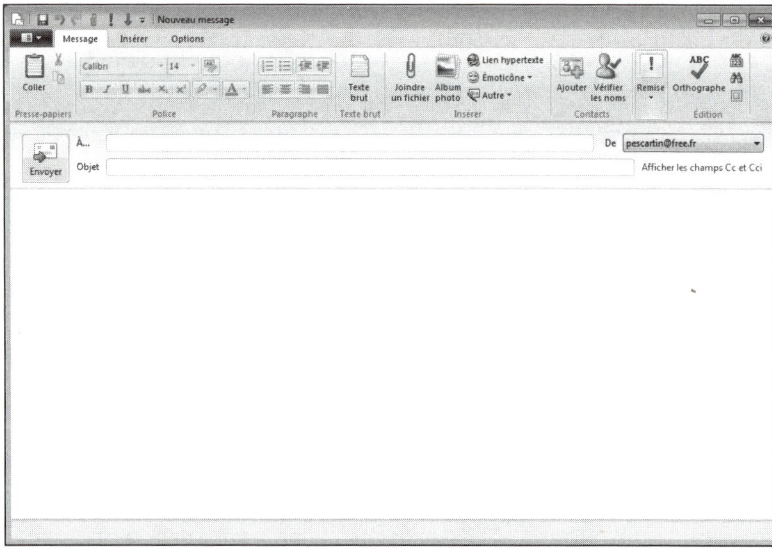

Figure 7.4 : Après avoir cliqué sur le bouton Message électronique, une fenêtre apparaît dans laquelle vous pouvez rédiger votre prose.

Si vous avez configuré plusieurs comptes, Windows Live Mail 2011 adresse automatiquement le courrier au compte par défaut, généralement le premier que vous avez créé.

Pour envoyer le courrier à un autre compte, cliquez sur le bouton fléché à droite du bouton De (NdT : visible en haut à droite dans la figure, le bouton De n'est affiché que si plusieurs comptes ont été créés) puis choisissez un autre nom de compte dans le menu local.

2. **Saisissez l'adresse de votre correspondant dans le champ À.**

Si vous savez que le destinataire figure dans la liste de vos contacts, vous gagnerez du temps en procédant comme suit : Cliquez sur le bouton À, ce qui affiche une fenêtre contenant tous vos contacts. Cliquez sur le contact approprié, cliquez sur le bouton À en bas à gauche, puis sur OK.

Ajoutez d'autres contacts avant de cliquer sur OK, si vous désirez envoyer le message à plusieurs personnes.

Vous voulez envoyer ou faire suivre un même message à plusieurs correspondants ? Préservez leur vie privée en cliquant sur le lien Afficher les champs Cc et Cci (Copie carbone invisible) au lieu de À. Ensuite, cliquez sur le bouton Cci pour sélectionner les destinataires (ou bien tapez directement leur adresse dans ce champ). Tous recevront le message, mais les adresses des uns et des autres seront cachées, préservant ainsi leur confidentialité.

Pour permettre à chacun de voir les adresses des autres, sélectionnez leur nom puis cliquez sur le bouton Cc (Copie carbone). Sachez cependant que cette pratique n'est pas toujours appréciée car l'adresse de messagerie de chacun est communiquée à tout le monde.

3. **Remplissez le champ Objet.**

   Bien que facultative, cette information permet au destinataire de savoir de quoi il est question, et aussi d'identifier et trier plus facilement son courrier.

4. **Rédigez le message dans la grande zone de texte (la partie inférieure de la fenêtre).**

   Tapez sans vous soucier de la longueur de votre texte.

5. **(Facultatif) Pour joindre un fichier à votre message, faites-le glisser et déposez-le dans la zone de texte. Ou alors, cliquez sur l'icône en forme de trombone (Joindre un fichier), naviguez jusqu'au fichier puis double-cliquez sur son nom afin de le joindre.**

   La plupart des fournisseurs d'accès Internet limitent la taille des pièces jointes à 5 ou 10 mégaoctets (Mo). Nous reviendrons plus loin dans ce chapitre sur l'envoi de pièces jointes.

6. **Cliquez sur le bouton Envoyer, en haut à gauche.**

   Et hop ! Windows Live Mail 2011 démarre le modem si nécessaire, et envoie le message à travers l'Internet jusqu'à la boîte aux lettres de votre correspondant. Selon la vitesse de la connexion Internet et la charge du réseau, le courrier parvient n'importe où dans le monde dans un délai de 15 secondes à quelques jours, la moyenne étant de quelques minutes.

Par défaut, Live Mail ne vérifie pas l'orthographe des messages que vous rédigez. Pour activer le correcteur orthographique, cliquez sur Fichier/Options/Courrier, puis cliquez sur l'onglet Orthographe. Cochez ensuite la case Toujours vérifier l'orthographe avant l'envoi.

Lire le courrier électronique reçu

Si Windows Live Mail 2011 est ouvert pendant que vous êtes connecté à l'Internet, il vous informe de l'arrivée de tout courrier par un signal sonore. Une petite enveloppe apparaît brièvement en bas à droite de l'écran, près de l'horloge.

Pour vérifier l'arrivée du courrier lorsque Windows Live Mail 2011 n'est pas ouvert, chargez-le à partir du menu Démarrer/tous les programmes. Cliquez ensuite sur le bouton Envoyer/Recevoir (ou appuyez sur F5). Live Mail se connecte à l'Internet, envoie tous vos messages qui étaient en attente puis relève le courrier et le place dans la Boîte de réception.

Procédez comme suit pour lire les lettres de la Boîte de réception et, soit y répondre, soit les classer dans un dossier.

1. **Ouvrez Windows Live Mail 2011 et consultez la Boîte de réception.**

   Live Mail affiche les messages présents dans la Boîte de réception (Figure 7.5). Chaque courrier est listé chronologiquement, les plus récents en haut.

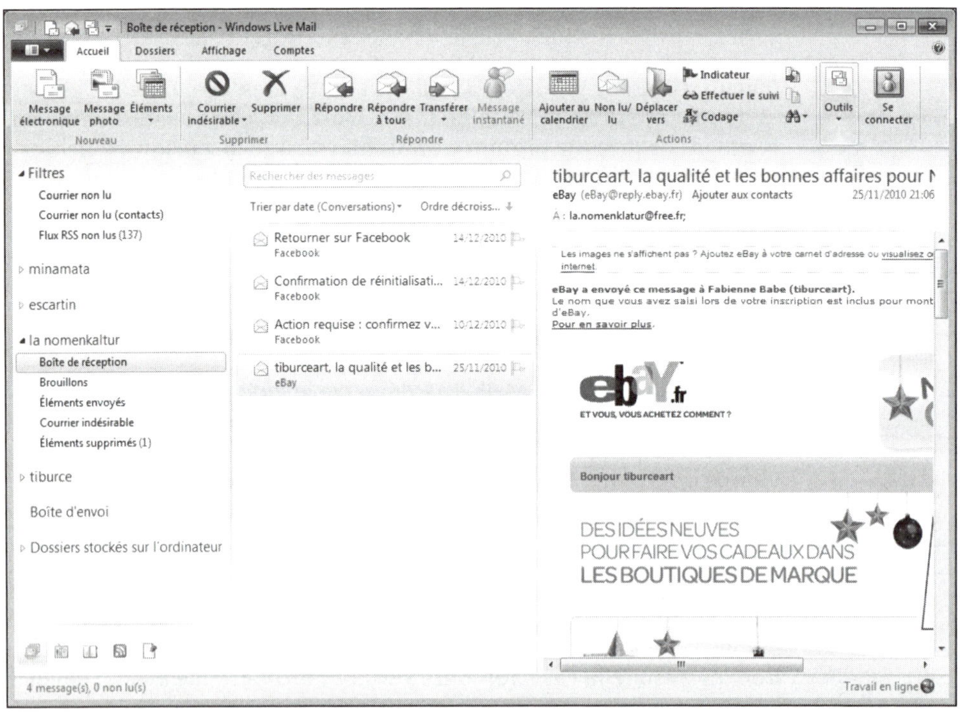

Figure 7.5 : Les messages entrants apparaissent dans la Boîte de réception. Le contenu du message sélectionné est affiché à droite.

Pour trouver rapidement un message, saisissez le nom de l'expéditeur ou un mot-clé dans le champ Rechercher des messages, en haut de la liste (voir Figure 7.5). Notez que vous pouvez aussi effectuer la recherche depuis le champ Rechercher du menu Démarrer.

2. **Cliquez sur l'objet d'un message pour le lire.**

   Le contenu du message est affiché dans le volet de lecture, à droite de Live Mail. Pour ouvrir le message et le voir dans sa propre fenêtre, double-cliquez sur son objet, dans le volet du milieu.

3. **À partir de là, Live Mail propose plusieurs options, toutes décrites dans la liste suivante :**

   - **Ne rien faire :** le message reste dans le dossier Boîte de réception.

   - **Répondre au message :** cliquez sur le bouton Répondre, dans la barre de commandes. Une nouvelle fenêtre apparaît, prête à recevoir votre réponse. Elle est préadressée, ce qui est très commode. Le message original se trouve en bas, à titre de rappel pour votre correspondant.

   - **Répondre à tous :** certains courriers sont adressés à plusieurs destinataires. Si plusieurs adresses se trouvent dans le champ À, vous pouvez envoyer une réponse à toutes ces personnes à la fois en cliquant sur le bouton Répondre à tous.

   - **Transférer :** vous voulez envoyer à quelqu'un d'autre un message que vous avez reçu ? Cliquez sur le bouton Transférer pour réacheminer ce courrier.

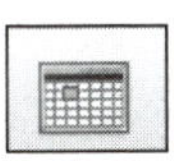

   - **Ajouter au calendrier :** Windows Live Mail 2011 est doté d'un calendrier rudimentaire pour gérer vos rendez-vous. Cliquez sur ce bouton pour ouvrir une nouvelle fenêtre grâce à laquelle vous pourrez insérer le message à la date de votre choix.

   - **Supprimer le message :** cliquez sur le bouton Supprimer ou déposez le message dans le dossier Éléments supprimés. Tous les messages supprimés restent dans ce dossier, jusqu'à ce que vous cliquiez sur ce dernier puis sur la croix qui apparait à sa droite. Pour un nettoyage automatique, cliquez sur Fichier/Options/Courrier ; cliquez sur l'onglet Avancé, puis sur le bouton Maintenance et cochez la case Vider les messages du dossier Éléments supprimés en quittant.

   - **Signaler comme courrier indésirable :** Live Mail filtre les courriers indésirables, mais certains parviennent à se glisser entre les mailles du filet. Si vous estimez qu'un courrier est du spam, comme on dit en jargon Internet, cliquez sur ce bouton pour le placer dans le dossier Courrier indésirable.

- **Imprimer le message :** cliquez sur le bouton Fichier/Imprimer, pour obtenir une sortie papier du message.

- **Parcourir les messages :** cliquez sur les boutons Précédent ou Suivant pour voir le message placé avant ou après celui en cours dans la liste (si ces boutons ne sont pas visibles, élargissez quelque peu la fenêtre). Attention, cette fonction n'est disponible que si vous double-cliquez sur le message pour l'afficher dans sa propre fenêtre.

Ces conseils vous aideront à mieux exploiter Windows Live Mail 2011 :

Quand vous lisez un message, cliquez sur le lien Ajouter aux contacts, à droite de l'adresse de l'expéditeur, pour placer son nom et son adresse de messagerie dans votre liste de contacts. Il suffira ensuite de cliquer sur le bouton À, puis de choisir ce contact dans la liste, pour lui écrire.

- Pour organiser les messages entrants, cliquez du bouton droit sur la Boîte de réception et choisissez Nouveau dossier. Nommez-le. Créez autant de dossiers et de sous-dossiers que nécessaires pour classer votre courrier.

- Pour déplacer un message d'un dossier vers un autre, contentez-vous de le glisser et de l'y déposer.

- Certains courriers sont accompagnés d'un fichier, ou pièce jointe. Leur gestion mérite qu'une section entière leur soit consacrée (la prochaine, fort opportunément).

Si vous recevez du courrier d'une banque, d'eBay, PayPal ou autre site Web financier, regardez-y à deux fois avant de cliquer sur un lien. Une activité crapuleuse appelée « hameçonnage » consiste à envoyer massivement des courriers qui incitent le destinataire à divulguer son nom, son mot de passe, voire le code de sa carte bancaire. Armés de ces informations, les truands se dépêchent de vider votre compte bancaire. Windows Live Mail 2011 affiche un message d'alerte lorsqu'il repère des courriers douteux. (NdT : Notez bien que jamais aucune banque n'envoie de courrier contenant un lien sur lequel vous devez cliquer. De plus, aucun organisme – banque, fisc, police… – ne vous demandera jamais de divulguer vos mots de passe ou codes bancaires, que ce soit par courrier électronique ou par téléphone).

- Lorsqu'une petite icône avec un X rouge apparaît à la place d'une image ou d'une photo dans un courrier, cela signifie que Live Mail l'a bloquée. Pour voir les images, cliquez sur le lien Afficher les images. Pour empêcher Live Mail de les bloquer, choisissez Fichier/ Options/Options de sécurité. Cliquez sur l'onglet Sécurité puis décochez la case Bloquer les images et les autres contenus externes dans les messages HTML.

Envoyer et recevoir des pièces jointes

À l'instar d'une photo que vous avez glissée dans une enveloppe pour montrer au destinataire à quoi ressemble votre nouvelle maison, une pièce jointe est un fichier ajouté au message.

Une pièce jointe est parfaite pour l'envoi de fichiers, mais pas très parlante lorsqu'il s'agit de photos. C'est pourquoi Live Mail contient une option permettant d'incorporer les images directement dans le message. Au lieu d'afficher les images sous forme d'austères icônes, Live Mail place une vignette de chacune d'elles dans le texte, ce qui permet de les regarder facilement. Que vous choisissiez de joindre une pièce ou de l'incorporer au message, tenez compte d'un point important : la plupart des fournisseurs d'accès limitent la taille des pièces jointes, généralement à 5 ou 10 Mo (un peu plus généreux, Gmail accepte jusqu'à 20 Mo).

Les fichiers de photos numériques dépassant souvent la limite des 5 Mo, notamment lorsque vous en joignez plusieurs à un message, Windows Live Mail 2011 permet de les compresser. Les images ne sont pas du tout dégradées, mais sont transférées plus rapidement.

Attacher une ou plusieurs pièces jointes à un message

Pour envoyer un fichier à quelqu'un, commencez par créer un message : cliquez sur le bouton Message électronique, comme expliqué précédemment à la section « Rédiger un message ». Saisissez ensuite votre message comme d'habitude.

Le moment est venu de joindre un fichier (NdT : Il est préférable de joindre le fichier avant même d'écrire le message afin d'éviter le syndrome du « et hop! », autrement dit l'envoi précipité juste après avoir signé, en oubliant bien sûr de joindre le fichier), procédez comme suit :

1. **Cliquez sur le bouton Joindre, puis localisez le fichier à attacher au message.**

   Dans la fenêtre qui apparaît, le volet de navigation contient les bibliothèques recevant vos documents, images, musiques et vidéos. Parcourez les dossiers à la recherche des fichiers à joindre.

2. **Pour ne joindre qu'un seul fichier, double-cliquez sur son nom. Pour en attacher plusieurs, sélectionnez-les tous, puis cliquez sur le bouton Ouvrir.**

   Le bouton Ouvrir n'ouvre bien sûr rien du tout. Il se contente de joindre les fichiers au message.

   Les fichiers joints apparaissent sous le champ Objet, dans un champ signalé par l'icône en forme de trombone, comme à la Figure 7.6.

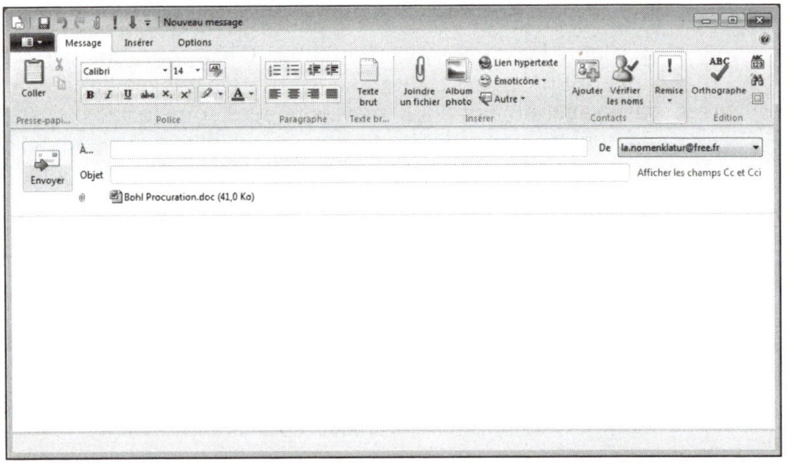

Figure 7.6 : Les pièces jointes apparaissent dans l'en-tête du message.

Vous avez joint par mégarde un fichier erroné ? Cliquez dessus du bouton droit et choisissez Supprimer.

Enregistrer un fichier joint

Enregistrer un fichier joint à un message que vous avez reçu n'est pas compliqué. Voici la procédure à suivre :

1. **Ouvrez le message contenant la pièce jointe.**
2. **Cliquez du bouton droit sur l'icône du fichier, et dans le menu contextuel, choisissez Enregistrer sous.**

Le message contient plusieurs fichiers joints ? Dans ce cas, maintenez la touche Ctrl enfoncée et cliquez sur chacun d'eux. Cliquez ensuite du bouton droit dans la sélection et choisissez Enregistrer sous.

Dans tous les cas, l'action ouvre la boîte de dialogue Enregistrer la pièce jointe sous. Sélectionnez l'emplacement approprié pour le ou les fichiers (les textes dans Documents, les photos dans Images, *etc.*)

Le courrier électronique permet d'envoyer très facilement des fichiers dans le monde entier. À tel point que les programmeurs de virus n'ont pas laissé passer cette aubaine, créant des virus autoréplicants qui se propagent en envoyant des copies d'eux-mêmes à tous les contacts d'un carnet d'adresses.

Ce qui m'amène à cette mise en garde :

- Si quelqu'un que vous connaissez vous envoie inopinément une pièce jointe, ne l'ouvrez surtout pas. Envoyez-lui un courrier lui demandant confirmation de cet envoi. Le message peut avoir été envoyé à son insu par un virus ou par un robot. Pour plus de sécurité, tirez la pièce jointe jusque sur le Bureau et soumettez-la à votre antivirus. Ne l'ouvrez jamais directement depuis le message lui-même.

- Pour vous empêcher d'ouvrir un fichier infecté, Windows Live Mail 2011 refuse d'ouvrir la grande majorité des fichiers joints. S'il ne vous autorise pas à ouvrir un fichier provenant d'un correspondant sûr – un fichier que vous attendiez –, désactivez la protection : dans le menu Fichier (NdT : appuyez au besoin sur Alt pour afficher la barre de menus), choisissez Options/Options de sécurité, cliquez sur l'onglet Sécurité, puis décochez la case Ne pas autoriser l'ouverture ou l'enregistrement de pièces jointes susceptibles de contenir un virus.

Limiter les courriers indésirables

Il est malheureusement impossible d'échapper totalement aux courriers non sollicités, ou spams (NdT : initiales de *spiced potatoes and meat,* « patates épicées et viande », un célèbre sketch des Monty Python, mais aussi et surtout, nom d'une infecte conserve de viande en vente aux États-Unis). Incroyable mais vrai, il existe encore des gens assez naïfs pour acheter auprès des spammeurs, ce qui rend l'activité de ces derniers suffisamment lucrative pour qu'ils persistent.

Fort heureusement, Windows 7 fait preuve d'un peu plus de discernement pour reconnaître les spams. Lorsqu'il détecte un courrier douteux, il le place directement dans le dossier Courrier indésirable.

Si vous avez repéré dans le dossier Courrier indésirable des messages qui ne sont pas des spams, sélectionnez-les en cliquant dessus puis cliquez sur le bouton Courrier légitime, dans la barre d'outils. Windows Live Mail 2011 le renvoie immédiatement dans le dossier Boîte de réception.

Bien qu'il ne soit pas possible d'endiguer complètement les spams, il est possible d'en réduire la quantité grâce à ces quelques règles :

- Ne communiquez votre adresse de messagerie qu'à vos proches, amis, collègues de travail et sociétés très connues. Ne la donnez pas à des inconnus et ne la postez pas sur des sites Web.
- Créez une deuxième adresse, dite « jetable », que vous utiliserez pour les transactions commerciales, le remplissage de formulaires ou de la correspondance qui ne sera pas suivie. Lorsque cette adresse sera la cible d'innombrables spams, supprimez-la comme expliqué à la section « Configurer votre compte de messagerie », dans ce chapitre, et créez-en une nouvelle.
- Ne postez jamais votre véritable adresse de messagerie dans un forum, groupe de discussion ou *chat,* ou toute autre zone de conversations publiques. Et surtout, ne répondez jamais à un spammeur, même en cliquant sur un lien de désabonnement. Cette action prouve en effet qu'il y a quelqu'un à cette adresse, ce qui l'ajoutera à la liste très convoitée des adresses actives, suscitant ainsi davantage de spams.
- Voyez si votre FAI propose un filtrage antispam. Ce filtrage est si efficace que beaucoup de spammeurs tentent de le leurrer en utilisant des mots qui n'ont aucun sens. Si la ligne objet contient des mots qui n'existent dans aucun dictionnaire, c'est sans aucun doute du spam.

L'informatique sûre

Chapitre 8

Dans ce chapitre :

- Assurer la sécurité depuis le Centre de maintenance
- Aller sur Internet en toute sécurité

Dans le monde de Windows et de l'Internet, il est difficile de savoir si on est toujours sur la route, de repérer la signalisation, voire distinguer le téléphone de l'allume-cigare. Des éléments qui paraissent totalement innocents – le courrier électronique d'un ami, un site Web – peuvent être des nids à virus qui mettent l'ordinateur sens dessus dessous et finissent par le planter.

Ce chapitre vous aide à reconnaître les dangers de la route dans le cyberespace et propose des mesures qui vous en protégeront.

Le Centre de maintenance veille à votre sécurité

Accordez-vous une minute pour vérifier la sécurité de votre ordinateur grâce au Centre de maintenance de Windows 7. Accessible par le Panneau de configuration, il signale les problèmes qu'il a détectés dans le système de défense de Windows 7 et propose de les corriger. Dans la barre des tâches, une petite icône en forme de drapeau blanc indique l'état courant du centre de maintenance.

Le Centre de maintenance, présenté à la Figure 8.1, indique le niveau de risque par des codes de couleur. Une bande rouge signale un problème critique à corriger immédiatement. Si la bande est jaune, le problème devra être corrigé relativement vite.

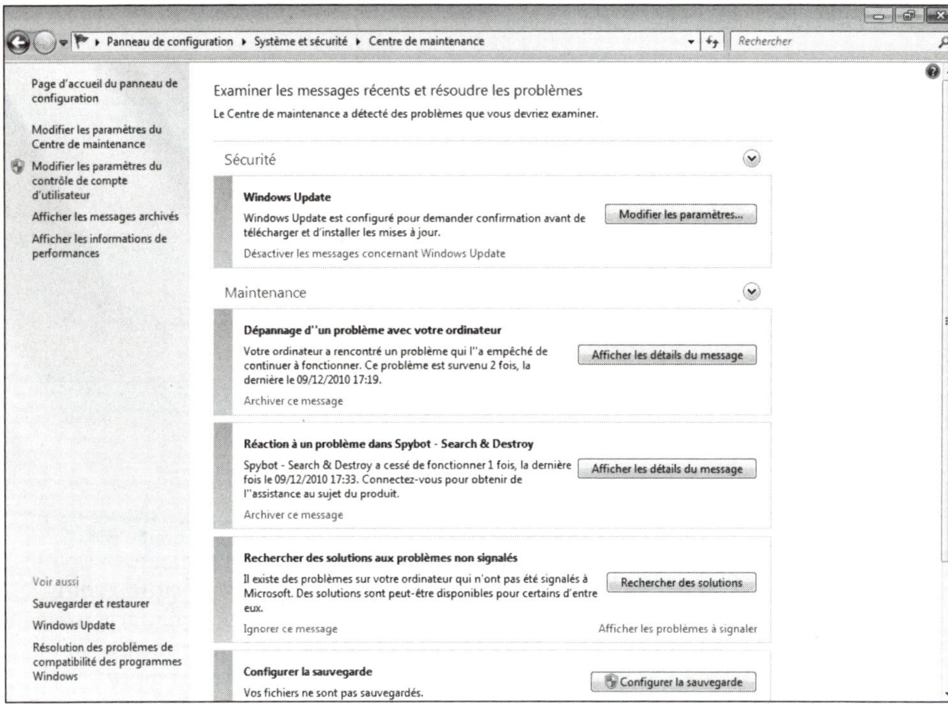

Figure 8.1 : Le Centre de maintenance permet d'activer les principales protections de votre ordinateur : le pare-feu de Windows, la mise à jour automatique et l'antivirus.

Si l'un des systèmes de défense de l'ordinateur n'est pas opérationnel, l'icône du Centre de maintenance, dans la barre des tâches, est un drapeau rouge.

Procédez comme suit si le drapeau rouge flotte dans la barre des tâches :

1. **Cliquez sur l'icône à drapeau rouge du Centre de maintenance, dans la barre des tâches.**

   Le panneau de la Figure 8.1 apparaît. Il révèle la sécurité de l'ordinateur au travers de paramètres répartis en quatre rubriques accessibles en cliquant, dans le volet de gauche, sur le lien Modifier les paramètres du Centre de maintenance (NdT : Cliquez sur un bouton à chevron, à droite du nom d'une rubrique, pour déployer les paramètres) :

- **Les messages de sécurité :** le Centre de maintenance peut signaler des problèmes dans l'un des éléments suivants (il est rare qu'il en apparaisse plus d'un ou d'eux à la fois) :
  - **Windows Update :** ce programme s'enquiert régulièrement, sur le site Web de Microsoft, de la publication de nouveaux correctifs de sécurité gratuits, et les installe sans que vous ayez à intervenir.
  - **Paramètres de sécurité Internet :** cette rubrique concerne les paramètres de protection d'Internet Explorer destinés à empêcher le piratage de ce logiciel par des programmes frauduleux.
  - **Pare-feu du réseau :** le nouveau pare-feu de Windows 7 est enfin bidirectionnel. Il surveille non seulement le trafic entrant, mais aussi le trafic sortant. Dès qu'il détecte une tentative d'intrusion de programme ou d'extrusion de données, il la bloque, empêchant les actions de programmes malveillants.
  - **Protection contre les logiciels espions et autres :** Windows 7 est doté d'un éradicateur de logiciels espions nommé Windows Defender. Le Centre de maintenance veille à ce qu'il fonctionne toujours correctement.
  - **Contrôle de compte d'utilisateur :** le Centre de maintenance attire votre attention sur les risques de certaines actions grâce aux messages et demandes de permission décrits dans la section précédente.
  - **Protection antivirus :** Windows 7 est dépourvu de fonction antivirus, mais il vérifie si vous avez installé un logiciel antivirus. S'il s'avère que vous n'en avez installé aucun, le Centre de maintenance le signale par un drapeau rouge dans la barre des tâches.
- **Messages de maintenance :** en plus de surveiller les paramètres de sécurité, le Centre de maintenance s'acquitte de ces trois tâches :
  - **Sauvegarde Windows :** la fonction de sauvegarde de Windows, étudiée plus loin dans ce chapitre, procède automatiquement à des copies de vos fichiers les plus importants, afin que vous puissiez les récupérer en cas d'incident.
  - **Dépannage de Windows :** quand Windows détecte un problème d'ordinateur ou de logiciel, il affiche un message proposant de le résoudre. Si vous aviez décliné l'offre – ou plus sûrement, si vous l'aviez envoyé balader tellement vous étiez énervé – vous la retrouveriez là.

- **Rechercher les mises à jour :** cela signifie que Windows Update et Windows Defender ont cessé de vérifier l'existence de nouvelles mises à jour.

2. **Cliquez sur le bouton des éléments marqués pour corriger le problème correspondant.**

   Si l'un des systèmes de défense de Windows 7 est désactivé, cliquez sur le bouton qui se trouve à droite. Par exemple, cliquez sur le bouton Rechercher un programme en ligne ou sur Analyser maintenant permettra de résoudre le problème.

En appliquant les deux étapes précédentes, votre ordinateur sera mieux protégé qu'avec toutes les versions antérieures de Windows (NdT : Cette formule est aussi valable pour les futures versions).

Modifier les paramètres du pare-feu

Chacun de nous a décroché un jour le téléphone pour entendre le baratin d'un télévendeur. Dans les centres d'appels, un logiciel compose l'un après l'autre les numéros de téléphone qu'il trouve dans l'annuaire, jusqu'à ce que quelqu'un décroche. Les pirates informatiques procèdent de même : ils lancent un programme qui tente de s'introduire dans tous les ordinateurs connectés à l'Internet, les uns après les autres à raison de plusieurs milliers par seconde.

Les abonnés à l'Internet à haut débit sont particulièrement exposés car leurs ordinateurs sont longuement connectés. Ceci augmente le risque d'être localisés par des pirates décidés à exploiter n'importe quelle vulnérabilité.

C'est là que le pare-feu de Windows entre en jeu. Placé entre Windows et l'Internet, il agit comme un portier intelligent. Si quelque élément inconnu tente de se connecter alors que ni vous ni un de vos programmes ne l'avez demandé, le pare-feu stoppe cette connexion inopportune.

Il arrivera occasionnellement de vouloir interagir avec un autre ordinateur, quelque part sur l'Internet, pour participer à un jeu vidéo multijoueur, par exemple, ou utiliser un logiciel de partage de fichiers. Pour empêcher le pare-feu de bloquer ces programmes, vous ajouterez leur nom à la liste des exceptions en procédant ainsi :

1. **Dans le menu Démarrer, choisissez le Panneau de configuration, cliquez sur Système et sécurité puis cliquez sur l'icône Pare-feu Windows.**

Le pare-feu Windows apparaît, montrant les paramètres de sécurité des deux types de réseaux auxquels vous pourriez être connecté :

- **Réseaux domestiques ou d'entreprise (privés) :** les réseaux domestiques et d'entreprise étant les plus sécurisés, le pare-feu Windows relâche suffisamment sa surveillance pour permettre l'échange de fichiers avec les autres ordinateurs de votre famille ou ceux de vos collaborateurs.
- **Réseaux publics :** ces réseaux que l'on trouve dans les lieux publics (aéroports, cybercafés…) ne sont pas sûrs. C'est pourquoi le pare-feu resserre sa surveillance, empêchant votre ordinateur d'être vu sur le réseau, et empêchant les autres ordinateurs de collecter des informations à propos du vôtre.

2. **Dans le volet de gauche, cliquez sur le lien Autoriser un programme ou une fonctionnalité *via* le Pare-feu Windows.**

   La fenêtre qui apparaît (voir Figure 8.2) affiche tous les programmes actuellement autorisés à communiquer au travers du pare-feu (Windows lui-même est constitué de nombreux programmes ; ne vous étonnez donc pas de trouver une liste bien fournie).

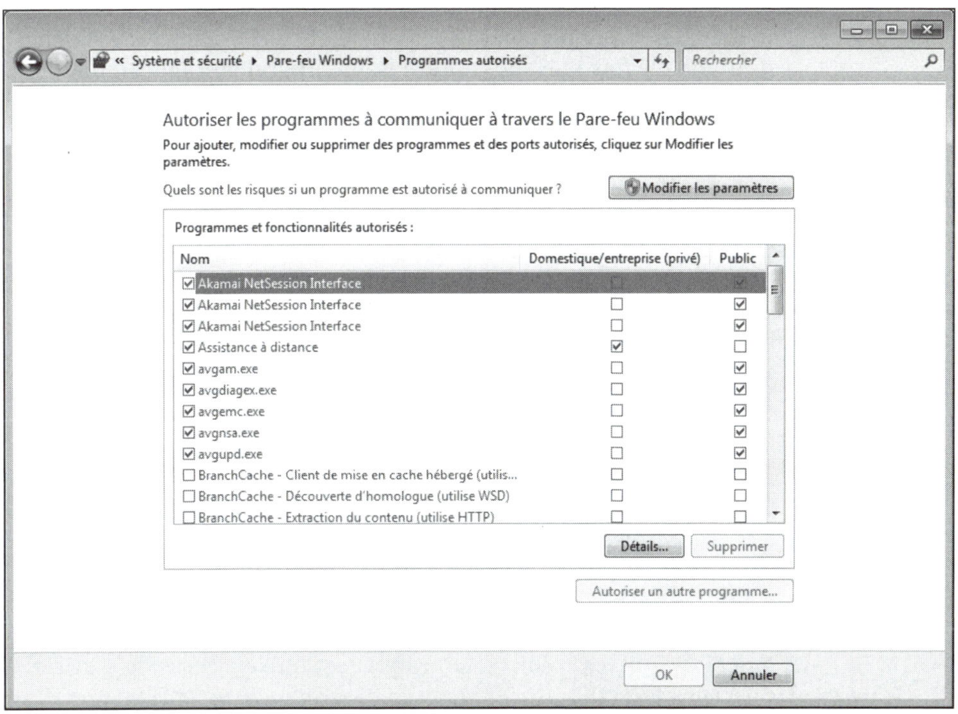

Figure 8.2 : Cliquez sur le bouton Modifier les paramètres pour ajouter un programme à la liste des exceptions.

3. **Cliquez sur le bouton Modifier les paramètres.**

   Cliquez sur Continuez ou entrez un mot de passe d'administrateur, si le panneau de demande de permission de Windows 7 montre le bout de son nez.

4. **Cliquez sur le bouton Autoriser un autre programme, sélectionnez le programme (ou cliquez sur Parcourir pour le localiser), puis cliquez sur OK.**

   Si vous cliquez sur Parcourir, vous accéderez à quasiment tous les programmes, notamment ceux du dossier Programme du disque dur C:. Le fichier du programme à autoriser est reconnaissable à son icône, identique à celle qu'il arbore dans le menu Démarrer (NdT : Pour mieux voir les icônes, cliquez sur le bouton Changer l'affichage, à droite dans la barre de commandes, et choisissez l'un des affichages par icônes).

   Dans la liste des programmes et fonctionnalités autorisés – la liste des exceptions –, la case du programme sélectionné est cochée. Les autres ordinateurs peuvent à présent s'y connecter.

- N'ajoutez pas un programme à la liste des exceptions tant que vous n'êtes pas sûr et certain que le pare-feu est à l'origine du problème. Car chaque fois que vous autorisez un programme, vous rendez l'ordinateur un peu plus vulnérable.

Il est facile de rétablir le pare-feu à ses paramètres d'origine si vous avez l'impression de l'avoir configuré n'importe comment. À l'Étape 1, cliquez sur le lien Paramètres par défaut, dans le volet de gauche. Dans la grande fenêtre presque vide qui apparaît, cliquez sur le bouton Paramètres par défaut, puis sur le bouton Oui afin de confirmer les changements. Toutes vos modifications sont supprimées, laissant le pare-feu tel qu'il était à l'installation de Windows 7.

Modifier les paramètres de mise à jour de Windows

Chaque fois que quelqu'un découvre une nouvelle faille par laquelle s'introduire dans Windows, Microsoft concocte un nouveau correctif de sécurité. Malheureusement, les malfaisants trouvent des failles plus vite que Microsoft les colmate. Le résultat est qu'il ne cesse de sortir correctif sur correctif.

La cadence est si soutenue que la plupart des utilisateurs n'arrivent plus à suivre. La solution fut donc, pour Microsoft, d'automatiser les mises à jour. Chaque fois que vous vous connectez, que ce soit pour relever le courrier ou pour surfer sur le Web, l'ordinateur visite automatiquement le site Windows Update de Microsoft, et télécharge tous les nouveaux correctifs en tâche de fond.

Si votre ordinateur est connecté en permanence, c'est vers 3 heures du matin qu'il s'enquiert des nouveaux correctifs, afin de ne pas vous déranger dans votre travail. Au petit matin, il vous sera parfois demandé de redémarrer l'ordinateur afin que les correctifs soient opérationnels. Autrement, vous ne remarquez même pas ces actions.

Le Centre de maintenance de Windows 7, évoqué précédemment dans ce chapitre, explique comment s'assurer que Windows Update – qui se charge des mises à jour –, est actif et en fonction. Mais si vous désirez modifier ces paramètres, par exemple pour ne pas installer de correctifs sans les avoir vus, vous procéderez comme suit :

1. **Cliquez sur le bouton Démarrer, choisissez Tous les programmes, puis Windows Update.**

   La fenêtre de Windows Update apparaît.

Vous vous demandez si Windows Update recherche réellement de nouvelles mises à jour ? Cliquez sur le lien Rechercher des mises à jour, dans le volet de gauche. Windows vérifiera sur le site de Microsoft si des mises à jour ne sont pas en attente.

2. **Dans le volet de gauche, cliquez sur Modifier les paramètres.**

   La page des paramètres de Windows Update apparaît (Figure 8.3).

3. **Au besoin, sélectionnez l'option Installer les mises à jour automatiquement (recommandé).**

   Proposée par défaut, cette option permet à Windows de rechercher automatiquement les mises à jour.

4. **Cliquez sur OK afin d'enregistrer les changements.**

   Il est possible que vous n'ayez jamais à changer quoi que ce soit, sauf peut-être l'heure des mises à jour.

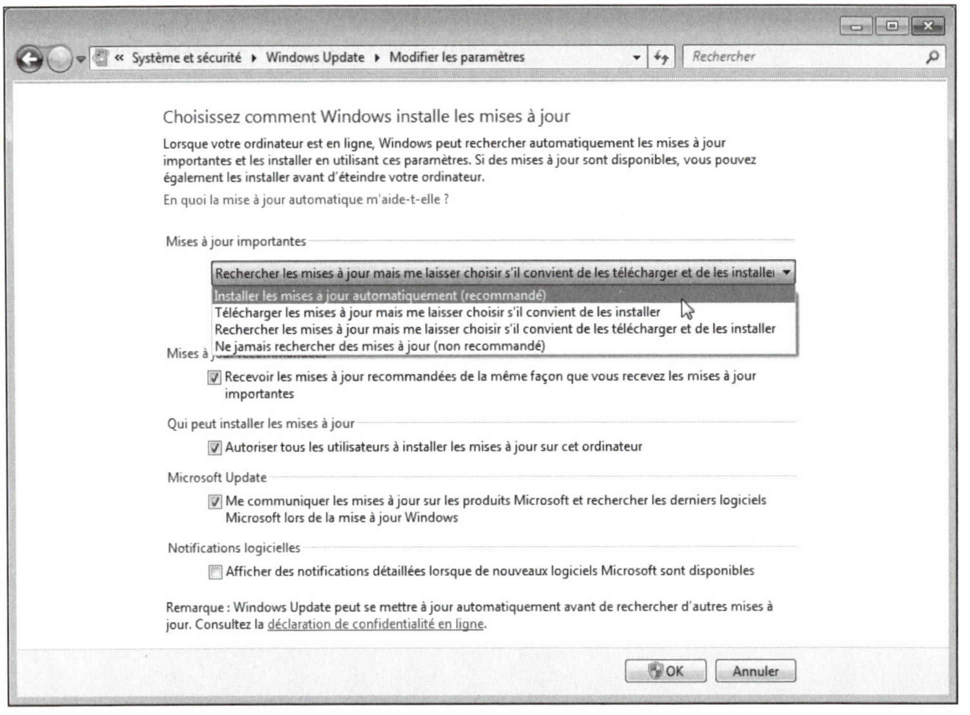

Figure 8.3 : Choisissez l'option Installer les mises à jour automatiquement (recommandé).

Éviter les virus

On n'est jamais trop prudent lorsqu'il s'agit de virus. Ils se propagent non seulement par les courriers électroniques et les programmes infectés, mais aussi dans les fichiers d'écrans de veille, par les thèmes (NdT : configurations de Bureau sauvegardées), les barres d'outils et autres compléments à Windows. Comme Windows 7 ne comporte pas de programme antivirus, vous devrez vous en procurer un.

McAfee offre un antivirus gratuit (en anglais) qui élimine plus d'une cinquantaine de virus parmi les plus connus. Téléchargeable à l'adresse `http://vil.nai.com/vil/stinger/`, il est certes commode, mais ne saurait remplacer un antivirus digne de ce nom, capable de détecter et supprimer des dizaines de milliers de virus différents.

Vous recherchez un véritable antivirus gratuit ? Essayez Avast! Édition familiale (`www.avast.com/fre/download-avast-home.html`).

Réduisez les risques d'infection de votre ordinateur en appliquant ces quelques règles :

- Assurez-vous que l'antivirus analyse tout ce que vous téléchargez, et aussi tout ce qui transite par des courriers électroniques ou par la messagerie.
- Quand vous achèterez un antivirus, choisissez-en un qui tourne en tâche de fond. Pour trouver quelques propositions d'achats, ouvrez le Panneau de configuration, cliquez sur Centre de maintenance, puis sur la zone Protection contre les programmes malveillants, et cliquez sur le bouton Rechercher un programme.

N'ouvrez que les pièces jointes que vous attendiez. Si vous en recevez une inopinément, même de quelqu'un que vous connaissez, ne l'ouvrez pas. Contactez d'abord l'expéditeur pour vérifier que c'est bien lui qui vous l'a envoyée.

N'exécutez pas deux antivirus en même temps car ils ne font généralement pas bon ménage (NdT : Les indispensables définitions de virus de l'un sont considérées comme de véritables virus par l'autre). Pour tester un autre logiciel, désinstallez d'abord le programme existant à partir du Panneau de configuration (lien Désinstaller un programme).

- Le simple achat d'un antivirus n'est pas suffisant. Vous devez impérativement vous abonner à la mise à jour des définitions de virus afin que le logiciel détecte les derniers virus lâchés dans la nature. Ces mises à jour s'effectuent deux ou trois fois par semaine. Les virus récents se propagent très vite, causant les pires dégâts.

NdT : Vous trouverez une foule d'informations sur la sécurité informatique, les virus, ainsi que des programmes de désinfection spécifiques (et gratuits) sur le site `www.secuser.com`.

Sortir couvert sur l'Internet

L'Internet n'est pas un lieu sûr. Certains programmeurs ont conçu des sites Web destinés à exploiter les failles et vulnérabilités de Windows les plus récemment découvertes, celles que Microsoft n'a pas encore eu le temps de corriger. Cette section explique certaines des fonctionnalités d'Internet Explorer, et comment naviguer sur l'Internet sans attraper la vérole.

Éviter l'hameçonnage

Peut-être recevrez-vous un jour un courrier provenant soi-disant de votre banque, d'eBay, de PayPal ou d'un autre site annonçant des problèmes concernant votre compte bancaire ou autre (Figure 8.4). Invariablement, ces courriers contiennent un lien bien visible, indiquant que vous devez fournir votre nom d'utilisateur et le mot de passe, voire le numéro de carte bancaire, sa date d'échéance, le cryptogramme et même le code secret, pour que tout revienne en ordre.

CENTRE FRANCE

Cher client de **Crédit Agricole Centre France**,

Le département technique de Crédit Agricole procède à une mise à jour de logiciel programmée de façon à améliorer la qualité des services bancaires.

Nous vous demandons avec bienveillance de cliquer sur le lien ci-dessous et de confirmer vos détails bancaires.

http://www.cantal.credit-agricole.fr/id73001733411/modext

Nous nous excusons pour tout désagrément et vous remercions de votre coopération.

© Crédit Agricole 2009

Figure 8.4 : Ce courrier électronique frauduleux compte bien sûr extorquer vos coordonnées bancaires les plus confidentielles.

En aucun cas, quel que soit le réalisme du courrier ou du site, vous ne devez cliquer sur le lien. Vous êtes en effet visé par une activité frauduleuse très lucrative : l'hameçonnage. Les truands qui sont derrière cette manœuvre envoient des millions de messages dans le monde entier, espérant convaincre quelques pigeons, épouvantés à l'idée de voir leur compte clos sans remboursement, taper les précieux renseignements demandés.

Comme différencier un courrier réel d'un courrier frauduleux ? C'est en réalité très facile car jamais une banque ou un établissement financier n'enverra un courrier contenant un lien. De plus, personne – ni même le directeur de la banque, la police ou le fisc –, ne demandera votre code de carte bancaire et cela dans aucun cas, même et surtout en cas de vol ou de perte. Si vous avez un doute sur la réalité du courrier, visitez le véritable site de votre banque, en tapant son adresse Web manuellement (et non par un lien). Recherchez ensuite l'adresse d'un contact et transférez-lui le courrier en demandant s'il est authentique. Il y a de fortes chances que non.

Windows 7 dispose de plusieurs moyens pour empêcher l'hameçonnage :

- La première fois que vous exécutez Internet Explorer – mais même par la suite –, assurez-vous que le filtre SmartScreen est activé.

Pour cela, cliquez sur le bouton Sécurité, dans la barre de commandes, et amenez le pointeur jusque sur l'option Filtre SmartScreen. Si l'option Désactiver le filtre SmartScreen est proposée, cela signifie que le filtre est actuellement actif.

- Internet Explorer examine chaque page à la recherche de signes révélateurs. Si un site semble douteux, la barre d'adresse d'Internet Explorer devient jaune et un panneau d'alerte affiché au milieu de l'écran prévient que la page est sans doute celle d'un site d'hameçonnage.
- Internet Explorer compare l'adresse du site Web avec une liste de sites frauduleux notoirement connus. S'il trouve une concordance, le filtre anti-hameçonnage vous empêche d'y accéder et affiche un message d'alerte. Quittez alors immédiatement la page Web.

N'est-il pas possible d'arrêter ceux qui commettent ces délits ? Cela arrive, mais il est néanmoins souvent difficile de découvrir et de poursuivre les délinquants informatiques sur l'Internet. Ils peuvent travailler depuis n'importe où dans le monde.

- Si vous venez de communiquer vos nom et mot de passe sur un site d'hameçonnage, ne perdez pas de temps : allez sur le véritable site et changez immédiatement votre mot de passe. Changez aussi votre nom d'utilisateur si c'est possible. Contactez ensuite la banque par téléphone et demandez ce qu'il faut faire. Ils peuvent stopper les voleurs avant qu'ils vident votre compte.
- Vous pouvez signaler à Microsoft un site qui vous semble frauduleux. Dans le menu Outils, choisissez Filtre anti-hameçonnage, puis Signaler ce site Web. Internet Explorer ouvre la page de Microsoft consacrée à l'hameçonnage. En dénonçant un site frauduleux, vous permettrez à Microsoft de prévenir les autres internautes.

Éviter et supprimer les logiciels espions et les parasites avec Windows Defender

Les logiciels espions, ou espiogiciels, et les parasites, sont des programmes qui s'incrustent dans Internet Explorer à votre insu. Les plus sournois tentent de changer votre page de démarrage, de composer un numéro avec votre modem téléphonique, d'espionner vos activités sur le Web, et de moucharder vos habitudes de surf sur l'Internet.

La plupart des espiogiciels reconnaissent être des logiciels espions, généralement à la 43e ou 44e page de la licence d'utilisateur que vous être supposée avoir lue avant d'installer le programme.

Comme personne, bien sûr, ne veut de ces affreux programmes, ils s'arrangent pour être très difficiles à supprimer. C'est là que le nouveau programme Windows Defender entre en lice. Il empêche certains espiogiciels de s'installer d'eux-mêmes et arrache au démonte-pneu ceux qui sont déjà fermement agrippés à votre PC. Mieux, Windows Update met Defender à jour de manière à ce qu'il puisse reconnaître et détruire les tout derniers espiogiciels.

Procédez comme suit pour que Windows Defender analyse aussitôt votre ordinateur :

1. **Cliquez sur le menu Démarrer, saisissez Windows Defender dans le champ Rechercher les programmes et fichiers, puis cliquez sur son nom, dans la liste.**

2. **Cliquez sur le bouton Analyser, dans la barre d'outils.**

   Windows Defender exécute une analyse rapide de l'ordinateur. Passez à l'Étape 3 dès qu'il aura terminé.

3. **Cliquez sur Outils, puis sur Options et cochez la case Analyser automatiquement mon ordinateur (recommandé). Cliquez ensuite sur Enregistrer.**

   Ceci démarre une analyse tous les jours à 2 heures du matin, un moyen facile de préserver la sécurité de l'ordinateur (NdT : Si vous n'êtes pas du genre couche-tard, sélectionnez une heure à laquelle l'ordinateur est peu sollicité, celle du déjeuner par exemple).

Plusieurs autres programmes antiespiogiciels peuvent aussi analyser votre ordinateur à la recherche du moindre intrus. Certains d'entre eux sont gratuits, dans l'espoir que vous voudrez acheter la version payante, qui comporte plus de fonctionnalités. Ad-Aware (`www.lavasoft.fr`) et Spybot Search and Destroy (`http://www.safer-networking.org/fr/index.html`), qui existent tous deux en français, sont les plus connus. À noter aussi, l'excellent SuperAntiSpyware (`www.superantispyware.com/`), en anglais seulement.

N'hésitez pas à utiliser plusieurs antiespiogiciels, car chacun analyse à sa manière, signalant et éliminant les logiciels espions qu'ils rencontrent.

Écouter et copier de la musique avec le Lecteur Windows Media

Chapitre 9

Dans ce chapitre :

- La bibliothèque du Lecteur Windows Media
- Les commandes du mode Lecture en cours
- Écouter des CD et lire des DVD
- Voir des vidéos
- Lire des fichiers MP3 et WMA
- Créer, enregistrer et modifier des sélections
- Copier et graver des CD

Le Lecteur Windows Media de Windows 7 montre tout le matériel audiovisuel supplémentaire que vous avez acheté pour votre PC. Avec un équipement coûteux, la qualité peut être celle d'un home cinema. Mais sur un ordinateur bon marché, elle peut n'être que celle d'une sonnerie de téléphone mobile.

Le Lecteur Windows Media est parfait pour lire des CD et des DVD, classer les fichiers de musique et de films et transférer de la musique numérique sur un lecteur MP3 mobile. Mais comme il n'est compatible ni avec l'iTunes d'Apple, ni avec le Zune de Microsoft, beaucoup d'utilisateurs ne cliquent jamais sur le bouton du Lecteur Windows Media.

La bibliothèque du Lecteur Windows Media

Dès que vous commencez à l'utiliser, le Lecteur Windows Media affiche une liste parfaitement triée de toutes les musiques numériques, photos, vidéos et émissions de télévision enregistrées dans votre ordinateur. Mais si cette bibliothèque multimédia n'a pas été créée, vous devrez lui demander de la faire en procédant comme suit :

Le Lecteur Windows Media peut aussi être démarré depuis la barre Lancement rapide, à côté du bouton Démarrer.

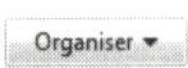

1. **Dans la barre de commandes, cliquez sur le bouton Organiser et, dans le menu déroulant, choisissez Gérer les bibliothèques puis sélectionnez l'une des quatre bibliothèques proposées : Musique, Vidéos, Images ou TV enregistrée.**

   Le Lecteur Windows Media cherchera les fichiers dans la bibliothèque sélectionnée (Musique, à la Figure 9.1).

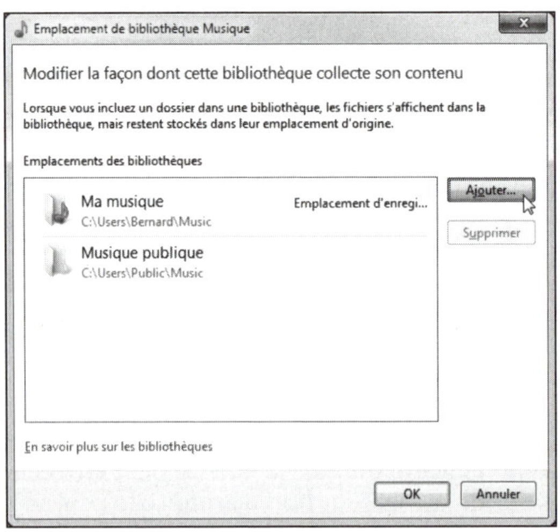

Figure 9.1 : Cliquez sur le bouton Ajouter si vous désirez que le Lecteur Windows Media parcourt d'autres dossiers.

Pour ajouter dans le Lecteur Windows Media des morceaux provenant d'autres dossiers et lecteurs – y compris sur un autre ordinateur du réseau –, vous devrez lui indiquer cet emplacement.

2. **Cliquez sur le bouton Ajouter, sélectionnez le dossier contenant les fichiers, cliquez sur le bouton Inclure le dossier, puis cliquez sur OK.**

   Cliquer sur le bouton Ajouter affiche la fenêtre Inclure le dossier dans Musique. Le Lecteur Windows Media commence par ajouter tous les fichiers qu'il contient dans la bibliothèque de musiques, puis il surveillera ce dossier en permanence, ajoutant ensuite automatiquement à sa bibliothèque tous les nouveaux fichiers qu'il trouvera.

   Répétez les étapes de cette section pour rechercher des fichiers chaque fois que vous en avez envie. Le Lecteur Windows Media ignore ceux qui ont déjà été catalogués et n'ajoute que les nouveaux.

   Pour demander au Lecteur Windows Media de cesser de surveiller un dossier, répétez les étapes mais, à l'Étape 3, cliquez sur le dossier à ne plus surveiller, puis sur le bouton Supprimer (visible à la Figure 9.1).

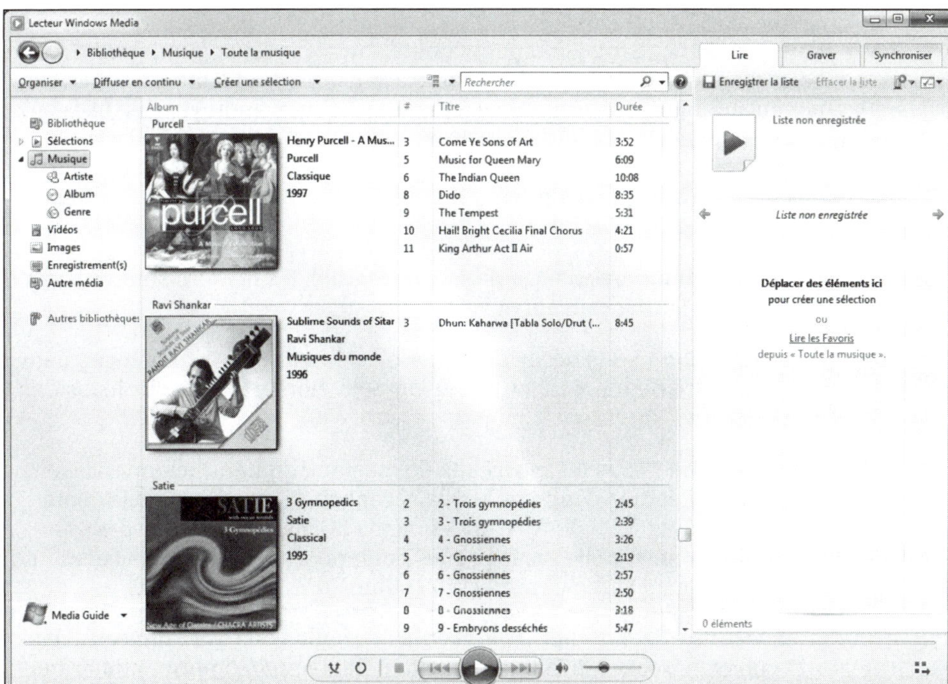

Figure 9.2 : Cliquez sur un morceau, à droite, pour l'écouter.

Parcourir les bibliothèques

Contrairement à la version précédente qui tentait d'intégrer toutes les commandes dans une fenêtre, le Lecteur Windows Media 12 affiche deux interfaces distinctes : la Bibliothèque d'une part, et d'autre part l'interface Lecture en cours.

La fenêtre Bibliothèque du Lecteur Windows Media affiche tout ce qui se déroule en coulisse. C'est là que vous organisez les fichiers, créez des listes de lecture – appelées « sélections » – gravez ou copiez des CD et choisissez les morceaux à écouter. En revanche, la fenêtre Lecture en cours ne montre que la pochette de l'album du morceau que vous écoutez, ou la vidéo que vous regardez. Quelques commandes permettent de régler le volume, de passer à un autre morceau ou vidéo, de suspendre la lecture ou d'afficher des effets visuels pendant que vous écoutez de la musique.

Lorsqu'il est démarré pour la première fois, le Lecteur Windows Media affiche les morceaux d'une manière suffisamment appropriée. Mais il contient en réalité plusieurs bibliothèques, conçues non seulement pour engranger de la musique, mais aussi des photographies, des vidéos et des émissions de télévision enregistrées.

Tous les éléments que l'on peut écouter ou regarder apparaissent dans le volet de navigation, à gauche, visible à la Figure 9.3. La moitié supérieure, nommée Bibliothèque, donne accès à vos fichiers audiovisuels. La moitié inférieure, nommée Autres bibliothèques, permet de parcourir les collections des autres utilisateurs du PC, de même que les dossiers des personnes partageant leurs fichiers multimédias à partir d'autres ordinateurs sous Windows 7.

Sous Bibliothèque, dans le volet de navigation, les fichiers sont répartis dans les catégories suivantes :

- **Sélection :** Vous désirez écouter des albums ou des morceaux dans un ordre bien précis ? Cliquez sur Sélections et créez des listes de lecture.
- **Musique :** Tous les morceaux de musique numérique apparaissent ici. Le Lecteur Windows Media reconnaît bon nombre de formats audio dont MP3, WAV, WMA et même 3GP, le format utilisé en téléphonie mobile, mais pas les fichiers AAC vendus par iTunes, ni les formats audio compressés comme APE, FLAC ou OGG.
- **Vidéos :** Recherchez ici les séquences que vous avez filmées avec un caméscope ou la fonction vidéo d'un appareil photo numérique, ou téléchargées depuis l'Internet. Le Lecteur Windows Media reconnaît les formats ASF, AVI, DivX, MPG, WMV ainsi que certains fichiers MOV et quelques autres formats.

- **Images :** Le Lecteur Windows Media peut présenter les photos sous forme de diaporama simple, mais la bibliothèque Images, décrite au Chapitre 10, est plus appropriée pour cette tâche.
- **Enregistrement(s) :** Les émissions de télévision enregistrées apparaissent ici, à condition que le PC soit équipé d'un tuner TV.
- **Autre médias :** Les éléments que le Lecteur Windows Media ne reconnaît pas sont cachés à cet emplacement que vous ne visiterez pas souvent.
- **Autres bibliothèques :** Vous trouverez ici les fichiers audiovisuels apparaissant dans d'autres PC du groupe résidentiel, un type de réseau propre à Windows 7.
- **Média Guide :** Il vous donne accès au magasin de musique en ligne de Microsoft.

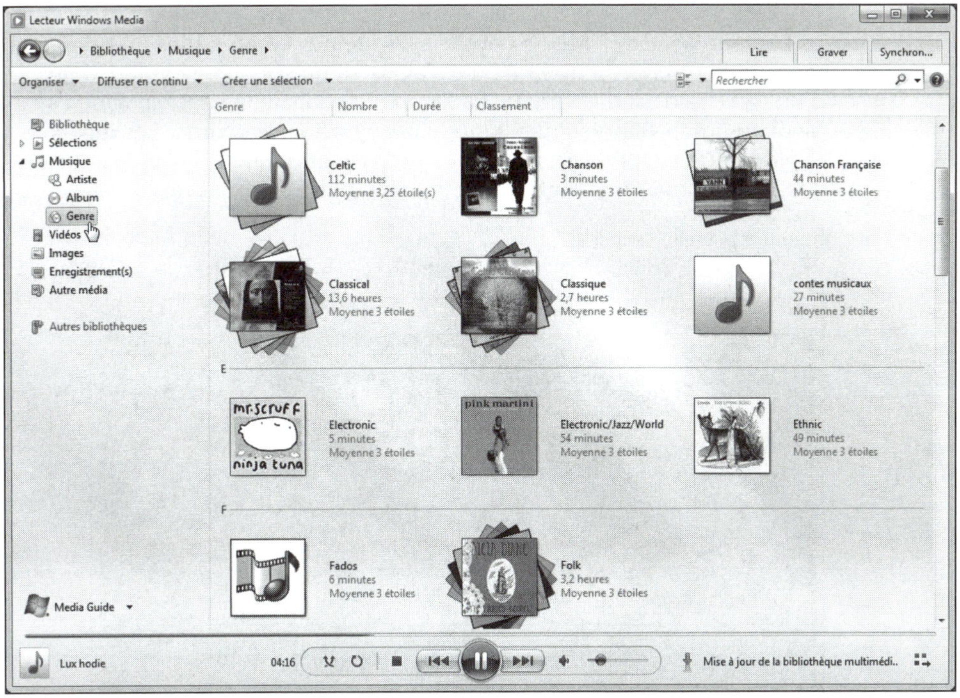

Figure 9.3 : Dans le volet de navigation, à gauche, cliquez sur le type de média que vous désirez afficher.

Après avoir cliqué dans une catégorie, le panneau de navigation du Lecteur Windows Media permet d'afficher les fichiers de différentes manières. Cliquez sur Artiste, dans la catégorie Musique, et le volet principal présente les œuvres classées alphabétiquement par noms d'interprètes.

Dans le même esprit, cliquer sur Genre sépare les éléments en différents types de musique. Au lieu de n'afficher qu'un nom sur lequel cliquer, « blues » par exemple, le Lecteur Windows Media empile leurs couvertures, comme si vous aviez étalé puis empilé les albums sur le plancher du salon pour mieux les trier.

Pour écouter ou voir quoi que ce soit dans le Lecteur Windows Media, cliquez dessus du bouton droit et choisissez Lire. Ou alors, pour écouter tous les morceaux d'un artiste ou d'un genre, cliquez du bouton droit dans une pile et choisissez Lire tout.

Les commandes du mode Lecture en cours

Le Lecteur Windows Media contient les mêmes commandes de base quel que soit le type de fichier lu, qu'il s'agisse d'un son, d'une vidéo, d'un CD, d'un DVD ou d'un diaporama. La Figure 9.4 montre le Lecteur Windows Media tel qu'il se présente en mode page Lecture en cours. Les légendes expliquent les fonctions, mais vous pouvez aussi immobiliser la souris sur une commande pour afficher une info-bulle explicative.

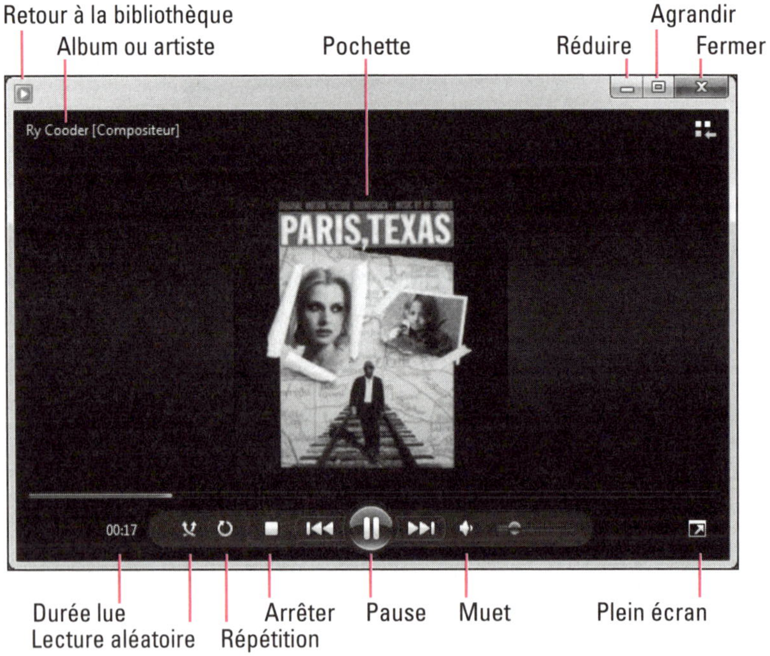

Figure 9.4 : Les boutons en bas fonctionnent comme ceux d'un lecteur de CD.

Les boutons en bas du Lecteur Windows Media sont similaires à ceux d'un lecteur de CD ou de DVD. Ils permettent de lire, d'arrêter, de revenir en arrière ou d'avancer rapidement. Vous pouvez aussi cliquer du bouton droit n'importe où dans la fenêtre Lecture en cours, et accéder ainsi aux options suivantes :

- **Afficher la liste :** Affiche la liste de lecture – ou sélection – à droite de la fenêtre. Elle est commode pour passer directement à un autre morceau.
- **Plein écran :** La fenêtre occupe tout l'écran.
- **Lecture aléatoire :** Les morceaux écoutés sont choisis au hasard.
- **Répéter :** Le morceau écouté est répété sitôt terminé.
- **Visualisations :** Choisissez entre l'affichage de la pochette de l'album ou des effets visuels quelque peu psychédéliques.
- **Améliorations :** Donne accès à un égaliseur graphique, permet de régler la vitesse de lecture, la balance du volume, *etc*.
- **Paroles, légendes et sous-titres :** Affiche ces éléments s'ils sont disponibles. Pratique pour comprendre une chanson en langue étrangère ou pour une soirée karaoké.
- **Acheter plus musique :** Donne accès au site shopformusic.microsoft.com où vous pourrez acheter des albums et des morceaux.
- **Lecture en cours toujours visible :** Maintient la fenêtre Lecture en cours au-dessus des autres fenêtres du Bureau.
- **Options supplémentaires :** Affiche la boîte de dialogue Options permettant de configurer le Lecteur Windows Media.
- **Aide sur la lecture :** Ouvre l'aide en ligne du Lecteur Windows Média.

Les commandes de la fenêtre Lecture en cours disparaissent lorsque la souris reste immobile un moment. Pour les revoir, déplacez la souris dans la fenêtre.

Pour revenir à la Bibliothèque du Lecteur Windows Média, cliquez sur l'icône en haut à droite de la fenêtre Lecture en cours.

Écouter des CD

Introduisez un CD audio dans le lecteur de votre ordinateur, et le Lecteur Windows Media apparaît, prêt à le lire. Il identifie généralement l'interprète et bien souvent, il affiche aussi la pochette.

Les commandes en bas de l'interface permettent de passer d'une piste à une autre, de régler le volume et d'améliorer l'écoute.

Si pour quelque obscure raison le Lecteur Windows Media ne lit pas spontanément le CD, jetez un coup d'œil à l'élément Bibliothèque, dans le volet de navigation. Vous devriez découvrir, en fin de liste, le nom du CD ou la mention Album inconnu. Cliquez sur le nom ou la mention, et la lecture du CD démarre.

Pour que le Lecteur Windows Media lise automatiquement le CD de musique dès l'insertion, cliquez sur le bouton Démarrer, puis sur Programmes par défaut, puis cliquez sur Modifier les paramètres de la lecture automatique. À la catégorie CD audio, déroulez le menu et choisissez l'option Lire un CD audio avec Lecteur Windows Media.

Appuyez sur F7 pour réduire le Lecteur Windows Media au silence lorsque vous recevez un coup de téléphone.

Vous voulez copier les pistes du CD dans votre ordinateur ? Cette opération, l'*extraction,* est décrite plus loin dans ce chapitre.

Lire des DVD

Le Lecteur Windows Media sait aussi lire des DVD, ce qui permet de transformer un ordinateur portable en lecteur de DVD portable. Emportez vos DVD préférés, des écouteurs, et regardez les films qui vous plaisent au cours d'un long vol international.

Bien que le Lecteur Windows Media lise, grave et copie des CD audio, il ne peut copier un film en DVD sur votre disque dur, ni dupliquer un DVD, car ils sont efficacement protégés contre la copie.

Quand vous insérez un DVD dans le lecteur, le Lecteur Windows Media le lit immédiatement. Il fonctionne un peu comme votre lecteur de DVD de salon, la souris servant de télécommande.

Pour lire un DVD en plein écran, maintenez la touche Alt enfoncée et appuyez sur Entrée (la même combinaison de touches rétablit le mode fenêtré). Placez le pointeur de la souris hors de l'écran, et le panneau de commande disparaît. Ramenez le pointeur dans l'écran, et le panneau est de retour.

Voir des vidéos

En plus des caméscopes, de nombreux appareils photo numériques et téléphones mobiles peuvent aussi enregistrer des séquences vidéo. Le Lecteur Windows Media lit les vidéos enregistrées avec Movie Maker, un programme téléchargeable dédié au montage vidéo (voir Chapitre 10).

La lecture d'une vidéo ne diffère guère de la lecture d'un fichier audio. Commencez par cliquer sur le bouton Bibliothèque et choisissez Vidéos. Double-cliquez sur la vidéo que vous désirez visionner et admirer le spectacle (Figure 9.5).

Figure 9.5 : Amenez le pointeur de la souris sur la fenêtre du Lecteur Windows Media pour afficher les commandes.

Le Lecteur Windows Media permet de visionner des vidéos à différentes tailles. La touche Alt enfoncée, appuyez sur Entrée pour la regarder en plein écran (c'est comme pour un DVD). La même combinaison de touches rétablit l'affichage à la taille originale.

- Pour que la vidéo s'adapte d'elle-même aux dimensions du Lecteur Windows Media, cliquez du bouton droit dans la vidéo et, dans le menu contextuel, choisissez Taille vidéo > Ajuster la vidéo au lecteur lors du redimensionnement.
- Quand vous téléchargez des vidéos depuis l'Internet, assurez-vous que le fichier est dans un format reconnu par le Lecteur Windows Media. Il est en effet incapable de lire des fichiers aux formats QuickTime ou RealVideo. Ces formats concurrents exigent un lecteur spécifique, téléchargeable depuis le site d'Apple (www.apple.com/fr/quicktime/) ou de Real (http://fr.real.com/realplayer/). Veillez à télécharger la version gratuite (ces sites mettent toujours la version payante en avant).
- La vitesse de la connexion joue un rôle déterminant dans la qualité de la vidéo. Si vous vous connectez en bas débit, choisissez la version pour modem 56K (NdT : 56 kilobits par seconde). Les abonnés à l'Internet à haut débit peuvent choisir les versions 100 ou 300K et plus. L'ordinateur ne risque rien si vous ne choisissez pas la bonne option. L'image sera seulement beaucoup moins bonne.

Lire des fichiers MP3 et WMA

Le Lecteur Windows Media sait lire plusieurs types de fichiers de musique. Ils ont un point commun : lorsque vous demandez au Lecteur Windows Media de lire un album ou un morceau, il le place dans la liste Lecture en cours, c'est-à-dire une liste d'éléments mis en attente, lus les uns après les autres.

De la musique peut être écoutée de diverses manières, même si le Lecteur Windows Média n'est pas encore ouvert :

- Double-cliquez sur l'icône Bibliothèques, dans la barre des tâches, ou cliquez du bouton droit sur un dossier rempli de morceaux de musique, et choisissez Lire avec Lecteur Windows Media. Il s'ouvre aussitôt et commence à lire un morceau.
- Dans la bibliothèque Musique, cliquez du bouton droit sur un fichier et choisissez Ajouter à la liste du Lecteur Windows Media. Il sera ainsi joué dès que le morceau en cours sera terminé.

- Double-cliquez sur un fichier de musique, quel que soit le dossier dans lequel il se trouve, et même s'il se trouve sur le Bureau, et le Lecteur Windows Media le lira immédiatement.

Pour lire un morceau présent dans la Bibliothèque du Lecteur Windows Media, cliquez-le du bouton droit et choisissez Lire. Il est aussitôt joué et son titre ajouté à la liste Lecture en cours.

Créer, enregistrer et modifier des sélections

Dans le Lecteur Windows Media, une sélection est tout simplement une liste de lecture, dans un ordre défini, de morceaux ou de vidéos. Ah oui ? Et encore ? Eh bien, c'est surtout par ce qu'elles permettent de faire que les sélections sont intéressantes. Vous pourrez par exemple faire votre programmation de morceaux préférés et l'enregistrer. Elle sera toujours disponible d'un seul clic.

Vous pouvez créer des sélections thématiques pour un romantique dîner aux chandelles – non, vous n'y mettrez pas *La danse des canards* –, ou pour un trajet en voiture particulièrement long.

Procédez comme suit pour créer une sélection :

1. **Ouvrez le Lecteur Windows Media et trouvez le bouton Sélections.**

   Il se trouve dans le volet de navigation, juste sous Bibliothèque. Si le lecteur est en mode Lecture en cours, cliquez du bouton droit dans une partie vide et dans le menu, choisissez Afficher la liste.

2. **Cliquez du bouton droit sur l'album ou le morceau désiré, puis choisissez Ajouter à > Lire la liste.**

   Vous pouvez aussi faire glisser un ou plusieurs morceaux jusque sur le volet des sélections, à droite, comme à la Figure 9.6. Dans tous les cas, le Lecteur Windows Media commence à lire les morceaux qui sont listés dans la partie droite du lecteur.

3. **Peaufinez la sélection en modifiant l'ordre ou en supprimant des morceaux.**

   Vous avez ajouté un morceau par erreur ? Cliquez dessus du bouton droit et choisissez Supprimer de la liste. Réordonnez la liste à votre convenance en faisant glisser des éléments vers le haut ou vers le bas.

Le nombre de morceaux et la durée totale de lecture est indiqué tout en bas du volet contenant la liste.

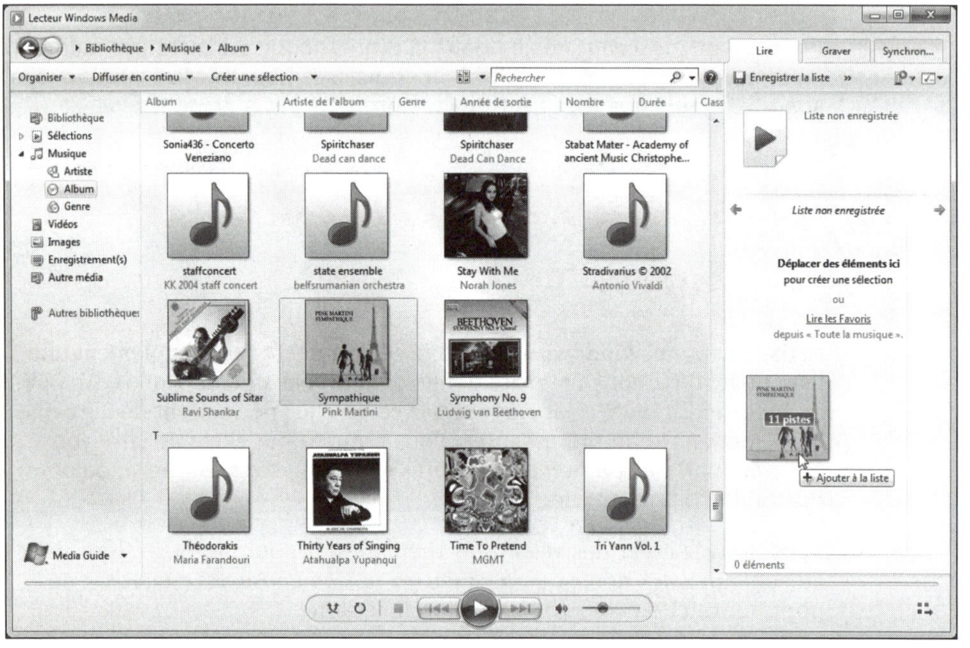

Figure 9.6 : Faites glisser un ou plusieurs éléments du volet du milieu vers le volet de droite pour créer une liste de lecture.

4. **Si vous êtes content de votre sélection, cliquez sur le bouton Enregistrer la liste, en haut à gauche. Nommez-la et appuyez sur Entrée.**

   Le Lecteur Windows Media place la liste dans la catégorie Sélections, prête à être réécoutée d'un seul double-clic.

Après avoir enregistré une sélection, vous pouvez la graver sur CD, également d'un seul clic, comme l'explique l'astuce suivante.

Réalisez vos propres compilations thématiques – d'une durée de moins de 80 minutes – puis gravez-les sur un CD que vous écouterez dans votre île déserte aux Seychelles ou bloqué sur le périph' à la Porte de Bagnolet. Pour ce faire, après avoir inséré un CD vierge dans le lecteur, cliquez sur l'onglet Graver. Choisissez ensuite la sélection que vous venez de concocter et cliquez sur le bouton Démarrer la gravure.

Pour modifier une sélection, double-cliquez dessus dans la catégorie Sélections. Ensuite, réordonnez, ajoutez ou supprimez des éléments dans le volet de droite, puis cliquez sur le bouton Enregistrer la liste.

Copier des CD dans le PC

Le Lecteur Windows Media est capable d'extraire les pistes d'un CD audio afin de les copier dans votre ordinateur. Par défaut, les fichiers audio ainsi produits sont au format WMA, qui n'est pas reconnu pas tous les lecteurs de musique portable, dont l'iPod. Pour enregistrer de la musique au format MP3, plus universel, vous devrez configurer le Lecteur Windows Media.

Pour que le Lecteur Windows Media puisse créer des fichiers MP3, beaucoup plus largement reconnus que le WMA (*Windows Media Audio*), cliquez sur le bouton Organiser, choisissez Options et cliquez sur l'onglet Extraire de la musique. Déroulez le menu Format et choisissez MP3. Tirez ensuite la glissière Qualité du son jusqu'à 128, ou 256, voire 320 pour bénéficier d'une meilleure qualité audio.

Procédez comme suit pour copier des CD sur le disque dur du PC :

1. **Ouvrez le Lecteur Windows Media, insérez un CD audio puis cliquez sur le bouton Extraire.**

   Vous devrez appuyer sur le bouton en façade du lecteur pour que le tiroir s'éjecte.

   Le Lecteur Windows Media se connecte à l'Internet, identifie votre CD et inscrit le nom de l'album, le nom de l'artiste et les titres des morceaux. Le programme commence ensuite à copier les morceaux dans le PC et lister leur titre dans la Bibliothèque. C'est fait.

   Si le Lecteur Windows Media ne trouve pas les morceaux automatiquement, passez à l'Étape 2.

2. **Au besoin, cliquez du bouton droit sur la première piste et choisissez Rechercher les informations sur l'album.**

   Si l'ordinateur est connecté à l'Internet, tapez le nom de l'album dans le champ Rechercher et appuyez sur la touche Entrée. Si l'album est trouvé, cliquez sur son nom, cliquez sur Suivant puis sur Terminer.

   Si l'ordinateur n'est pas connecté à l'Internet, ou si la recherche n'a rien donné, cliquez du bouton droit sur le premier morceau, choisissez Modifier et changer manuellement le nom du morceau. Faites de même pour les autres pistes, le nom de l'album, l'artiste, le genre et l'année de sortie.

Le Lecteur Windows Media place automatiquement les CD extraits dans le dossier Musique. Vous y accédez en choisissant Musique, dans le menu Démarrer.

Graver des CD de musique

Pour créer un CD de musique avec vos morceaux préférés, créez une sélection en mettant les morceaux dans l'ordre où ils doivent être lus. Gravez-la ensuite sur un CD comme l'explique la section « Créer, enregistrer et modifier des sélections », précédemment dans ce chapitre.

Mais comment ferez-vous pour dupliquer un CD afin de ne pas faire courir de risques à l'original, et écouter la copie avec le lecteur de CD du salon ou celui de la voiture ?

Malheureusement, ni le Lecteur Windows Media, ni Windows 7 ne proposent de commande de duplication de CD audio. Vous devez user d'un petit subterfuge pour contourner le problème et créer un CD dont le contenu est le même que celui de l'original :

1. **Extrayez le CD audio vers le disque dur.**

   Réglez auparavant la qualité de gravure afin qu'elle soit la plus élevée possible : cliquez sur Organiser, choisissez Options, cliquez sur l'onglet Extraire de la musique et choisissez le format WAV (sans perte). Cliquez sur OK.

2. **Insérez un CD vierge dans le graveur.**

3. **Dans le Lecteur Windows Media, cliquez sur la catégorie Musique et choisissez Album afin de voir le CD audio qui vient d'être extrait.**

4. **Cliquez du bouton droit dans l'album de la bibliothèque et choisissez Ajouter à > Graver la liste.**

   Si des morceaux se trouvent déjà dans la liste de lecture, cliquez sur le bouton Effacer la liste (NdT : Élargissez éventuellement le volet de droite pour que le bouton Effacer la liste apparaisse à côté du bouton Enregistrer la liste).

5. **Cliquez sur le bouton Démarrer la gravure.**

Avis aux mélomanes : à moins de choisir le format WAV (sans perte de données), le Lecteur Windows Media compresse les morceaux au fur et à mesure qu'il les enregistre sur le disque dur, ce qui entraîne inévitablement une perte de qualité. La gravure sur un CD audio ne la rendra pas. Pour une copie exacte sur le CD, vous devez enregistrer au format WAV.

> Quand vous enregistrez en haute qualité WAV, n'oubliez pas de rétablir l'enregistrement au format MP3 quand vous aurez fini. Autrement, vous risqueriez d'enregistrer des fichiers extrêmement volumineux.

Photos et films

Chapitre 10

Dans ce chapitre :

- Transférer les photos vers l'ordinateur
- Visionner les photos dans la bibliothèque Images
- Visionner un diaporama
- Graver des photos sur un CD ou un DVD
- Imprimer les photos
- Corriger les photos avec la Galerie de photos Windows Live
- Graver un film ou un diaporama
- Créer, monter et visionner des vidéos numériques

Ce chapitre présente la relation de plus en plus étroite entre Windows, les appareils photo numériques et les caméscopes, aussi bien numériques qu'analogiques. Vous découvrirez comment transférer des photos numériques et des films vers l'ordinateur, éliminer ce qui est raté, montrer le reste à la famille, l'envoyer par courrier électronique à vos correspondants lointains, et enregistrer le tout à un emplacement où photos et films seront faciles à retrouver.

Un mot encore : après avoir commencé à créer un album de famille dans l'ordinateur, ne manquez pas de tout sauvegarder dans les règles, comme le décrit le Chapitre 12. Ce chapitre explique comment le graver sur un CD ou un DVD. Vos souvenirs de famille sont en effet irremplaçables.

Transférer les photos vers l'ordinateur

La plupart des appareils photo numériques sont livrés avec un logiciel de transfert – ou plus exactement, de copie – qui achemine les fichiers d'image vers l'ordinateur. Mais vous pouvez vous en passer car un programme intégré à Windows est capable de trouver les photos dans quasiment n'importe quel modèle d'appareil, et de les récupérer. Voici comment :

1. **Branchez le câble de liaison de l'appareil photo à l'ordinateur.**

   La plupart des appareils photo numériques sont livrés avec deux câbles : l'un qui se branche au téléviseur afin de visionner les images, l'autre qui se branche à l'ordinateur. Vous aurez besoin de ce dernier pour transférer vos photos.

   Le câble se branche généralement à l'un des ports USB de l'ordinateur. À l'autre extrémité, la taille et la forme du minuscule connecteur varient selon les marques d'appareil.

2. **Mettez l'appareil photo en marche, si ce n'est déjà fait, et attendez que Windows 7 le détecte.**

   Quand vous branchez l'appareil pour la première fois, Windows 7 signale sa présence par une petite info-bulle dans la zone de notification en bas à droite de l'écran, près de l'horloge.

> Si Windows 7 ne reconnaît par votre appareil photo, assurez-vous qu'il est en mode Affichage, qui permet de visionner les photos sur l'écran de contrôle, plutôt qu'en mode Prise de vue. Là encore, réessayez en débranchant le câble pendant quelques secondes de l'ordinateur, puis en le rebranchant.

   Dès que Windows 7 a reconnu l'appareil photo, il affiche la fenêtre Exécution automatique de la Figure 10.1.

   La fenêtre Exécution automatique n'est pas visible ? Cliquez sur le bouton Démarrer, puis sur Ordinateur, puis double-cliquez sur l'icône de l'appareil photo.

Figure 10.1 : Choisissez l'unique option présentée afin que Windows 7 transfère automatiquement les photos de l'appareil vers le PC.

3. **Dans la fenêtre Exécution automatique, cochez la case Toujours faire ceci pour le périphérique suivant. Cliquez ensuite sur l'option Importer des images et des vidéos avec Windows.**

   Cocher la case Toujours faire ceci pour le périphérique suivant fait gagner du temps car par la suite, Windows transférera automatiquement les photos chaque fois que l'appareil sera connecté au PC.

   Après avoir cliqué sur Importer des images et des vidéos avec Windows, la boîte de dialogue éponyme apparaît (Figure 10.2).

Figure 10.2 : Saisissez un ou plusieurs mots-clés caractérisant la série de photos.

4. **Dans le champ Marquez ces images, tapez un ou plusieurs mots-clés caractérisant toute la série de photos à transférer, puis cliquez sur Importer.**

   Tapez un ou deux mots qui décrivent la série de photos (ne vous laissez pas influencer par l'aperçu de la première d'entre elles, affiché sur le panneau). Si vous tapez **Zoo de Sauvage**, comme dans la Figure 10.2, toutes les photos transférées seront nommées Zoo de Sauvage 001, Zoo de Sauvage 002, Zoo de Sauvage 003 et ainsi de suite. Par la suite, vous les retrouverez par une recherche sur le mot **Zoo** ou encore **Sauvage**, une réserve zoologique dans les Yvelines où la série de photos a été prise.

Cliquez sur Importer afin de transférer toutes les photos vers le PC.

Cliquer sur le lien Paramètres d'importation, à la Figure 10.2, permet de modifier la procédure de transfert des photos. Jetez-y un coup d'œil car vous pourrez éventuellement activer ou désactiver les options d'importation selon vos préférences.

5. **Cochez la case Effacer après l'importation.**

   Si vous ne supprimez pas les photos dans l'appareil après leur importation dans l'ordinateur, la mémoire ou la carte mémoire finira par être pleine. Cocher la case Effacer après l'importation, comme à la Figure 10.3, vous évite d'avoir à parcourir les menus de l'appareil photo.

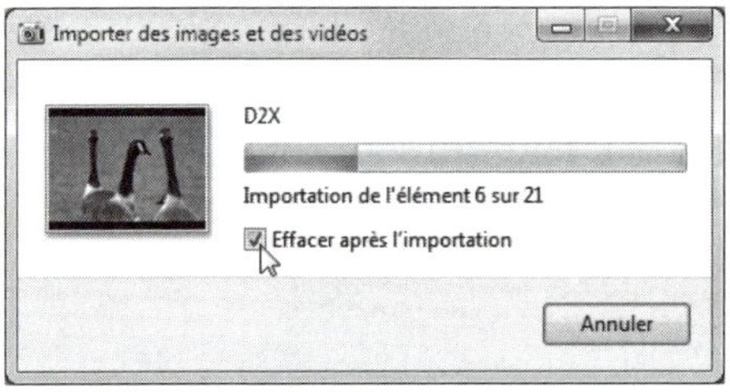

Figure 10.3 : Cochez cette case afin de libérer de la place pour de nouvelles photos.

Après avoir importé les photos, Windows 7 affiche le dossier où elles se trouvent.

Récupérer les photos depuis un lecteur de cartes mémoire

Windows 7 importe assez facilement les photos de votre appareil. Un lecteur de cartes mémoire accélère non seulement la tâche et économise la batterie de l'appareil, mais c'est en plus la seule option si vous avez perdu le câble de transfert. Le lecteur de cartes mémoire est un petit boîtier qui se branche au port USB de l'ordinateur.

Pour transférer les images dans l'ordinateur, ôtez la carte mémoire de l'appareil photo et insérez-la dans la fente appropriée du lecteur. Windows détecte l'insertion et traite le lecteur de cartes comme si c'était un appareil photo, proposant les mêmes menus.

Ou alors, dans le menu Démarrer, choisissez Ordinateur et double-cliquez sur l'icône du lecteur de cartes mémoire pour voir toutes les photos. Vous pouvez dès lors les couper et les coller dans le dossier Images ou dans un de ses sous-dossiers.

Les lecteurs de cartes mémoire sont bon marché (moins de 30 euros), faciles à mettre en œuvre, rapides et très pratiques. De plus, l'appareil photo n'étant pas utilisé, sa batterie n'est pas sollicitée, ce qui préserve son autonomie. Quand vous achetez un lecteur de cartes mémoire, assurez-vous qu'il est capable de lire le type de carte utilisé par votre appareil. Un lecteur multiformat est un bon choix car il est plus polyvalent.

Visionner les photos dans la bibliothèque Images

Le dossier Images, à un clic du menu Démarrer, est incontestablement le meilleur endroit où stocker les photos numériques. Quand Windows 7 les importe, c'est toujours là qu'il les met afin de tirer avantage des outils de visualisation de ce dossier.

Pour regarder dans un dossier, double-cliquez sur son icône. Chaque sous-dossier offre les outils de visualisation de fichiers, mais ils comportent en plus une commode rangée de boutons pour afficher, envoyer par courrier électronique et imprimer les photos. Cliquez sur le bouton Changer l'affichage pour trouver la glissière permettant notamment d'afficher les miniatures en différentes tailles.

La bibliothèque Images (Figure 10.4) propose diverses manières de trier rapidement des milliers de photos en cliquant sur le menu Organiser par, et en sélectionnant l'une des options proposées :

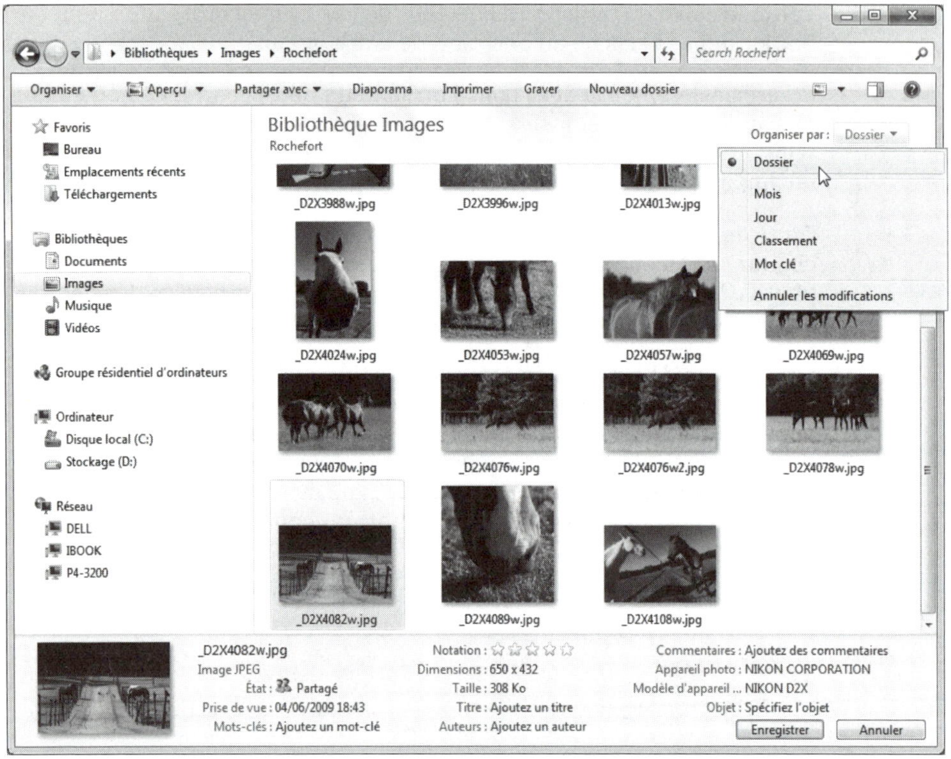

Figure 10.4 : La bibliothèque Images permet de trier les photos chronologiquement, par mots-clés ou d'après leur notation.

- **Dossier :** C'est l'affichage le plus courant. Il montre la bibliothèque Images et tous les dossiers qui s'y trouvent. Double-cliquez sur un dossier pour voir son contenu. Cliquez sur la flèche bleue, dans le coin supérieur gauche, pour revenir en arrière.

- **Mois :** Commode pour voir les photos selon la période où elles ont été prises. Elles sont présentées par piles mensuelles. Double-cliquez sur la pile Juillet 2009, par exemple, pour voir toutes les photos prises ce mois-là.

- **Jour :** Choisissez cette option pour voir les photos par journées. Les plus récentes se trouvent en haut de la liste.

- **Classement :** Une photo est particulièrement réussie ? Ou complètement ratée ? Attribuez de une à cinq étoiles à une photo ou à une sélection de photos, dans le volet des détails (voir Figure 10.4).

- **Mot-clé :** Vous vous souvenez des mots-clés attribués à vos photos lors du transfert dans l'ordinateur (reportez-vous à la Figure 10.2) ? La bibliothèque Images est capable d'empiler les photos par mots-clés, permettant de les retrouver d'un seul clic. Des mots-clés peuvent être ajoutés à la volée : sélectionnez une ou plusieurs photos de Stan le chien – cliquez sur chacune, touche Ctrl enfoncée –, puis cliquez sur la mention Ajouter un mot-clé dans le volet des détails, puis saisissez **Chien Stan** pour caractériser la ou les photos par l'un ou l'autre de ces mots.

Visionner un diaporama

Windows 7 possède une fonction de diaporama simple permettant de les afficher les unes après les autres. Elle n'est pas très perfectionnée, mais offre un moyen agréable de présenter des photos à un groupe de personnes réunies autour de l'ordinateur. Le diaporama peut être démarré de deux manières :

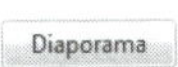

- Dans la bibliothèque Images ou dans un de ses sous-dossiers, cliquez sur le bouton Diaporama, dans la barre de commandes.

- Dans la Visionneuse de photos Windows (NdT : Démarrée en double-cliquant sur une photo), cliquez sur le gros bouton Lire le diaporama, en bas au milieu.

L'écran s'assombrit aussitôt et la première image apparaît en plein cadre. Elle s'estompe tandis que la suivante apparaît par un effet de fondu-enchaîné.

Le bouton Diaporama crée rapidement un diaporama. Mais si vous envisagez d'en graver sur un CD ou un DVD pour épater vos proches, reportez-vous à la section suivante. Vous y apprendrez comment créer et enregistrer des diaporamas avec Création de DVD Windows, un programme livré avec Windows 7.

Voici quelques conseils pour réussir un diaporama :

- Avant de commencer le diaporama, faites pivoter toutes les photos qui sont couchées sur le côté : cliquez dessus du bouton droit et dans le menu, choisissez Faire pivoter vers la droite ou Faire pivoter vers la gauche.
- Le diaporama montrera toutes les photos du dossier courant et aussi de ses sous-dossiers.

- Pour ne limiter le diaporama qu'à certaines photos, sélectionnez-les en maintenant la touche Ctrl enfoncée, puis cliquez sur le bouton Diaporama.

N'hésitez pas à sonoriser un diaporama en faisant jouer un morceau par le Lecteur Windows Media, comme l'explique le Chapitre 9, juste avant le spectacle. Ou, si vous avez ramené un CD de musique de vos vacances à Tahiti, insérez-le dans le lecteur et laissez la musique pendant tout le diaporama.

Graver des photos sur un CD ou un DVD

Pour sauvegarder toute votre photothèque, démarrez le programme de sauvegarde présenté au Chapitre 12. Mais si vous désirez seulement copier quelques photos sur un CD ou un DVD – assurez-vous d'avoir un stock suffisant –, procédez comme suit :

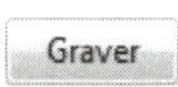

1. **Ouvrez le dossier Images, sélectionnez les photos désirées, puis cliquez sur le bouton Graver.**

   Ouvrez la bibliothèque Images et ouvrez le dossier contenant les photos à copier sur le disque compact. Sélectionnez les photos et/ou dossiers en cliquant dessus, touche Ctrl enfoncée, ou sélectionnez tout en appuyant sur Ctrl + A. Après avoir cliqué sur le bouton Graver, Windows 7 vous demande d'insérer un disque vierge dans le lecteur.

2. **Insérez un CD ou un DVD vierge dans le graveur de CD.**

   Si vous comptez graver beaucoup de photos, ou des fichiers volumineux, utilisez plutôt des DVD que des CD, car un DVD peut stocker jusqu'à cinq fois plus de données. Si vous n'avez que quelques photos à remettre à quelqu'un, gravez-les sur un CD, qui est meilleur marché.

3. **Définissez ce que vous voulez faire de ce disque.**

   Windows propose deux options lorsque vous créez un disque :

   - **Comme un lecteur USB :** Choisissez cette option si d'autres PC doivent pouvoir lire le disque. Windows 7 le traite alors comme un dossier, vous permettant d'ajouter d'autres photos par la suite. C'est un bon choix lorsque vous ne gravez que quelques photos, car le restant du disque est exploitable.

- **Avec un lecteur de CD/DVD :** Choisissez cette option pour visionner les photos avec un lecteur de DVD de salon branché à un téléviseur. La gravure terminée, le disque est clos, interdisant toute écriture ultérieure. Ne choisissez cette option que pour les photos qui doivent être montrées sur un téléviseur.

4. **Nommez le disque puis cliquez sur Suivant.**

   La date d'aujourd'hui est déjà insérée dans le champ Titre du disque. Ajoutez des mots **Sauvegarde photos**.

   La gravure commence aussitôt.

5. **Au besoin, cliquez de nouveau sur le bouton Graver.**

   Si vous avez opté pour lecteur de DVD, à l'Étape 3, cliquez sur Graver.

   Si vous n'avez pas sélectionné de photos ou de dossier à l'Étape 1, Windows 7 ouvre une fenêtre montrant le contenu du nouveau disque inséré : il est vide. Faites glisser les photos à graver jusque sur la fenêtre. Ou, pour les copier toutes, retournez à la bibliothèque Images et cliquez sur Graver.

La place manque sur le CD ou le DVD pour sauvegarder toutes les photos ? Windows 7 n'est hélas pas assez intelligent pour demander l'insertion d'un deuxième disque. Il se contente d'annoncer benoîtement qu'il n'y a plus assez de place et cesse de graver. Dans ce cas, optez pour le programme Sauvegarder et restaurer (voir Chapitre 12), qui saura répartir vos sauvegardes sur plusieurs disques.

Imprimer les photos

L'assistant d'impression de photos de Windows 7 propose presque autant d'options de tirage qu'une boutique photo : format, brillant ou mat, avec ou sans bord, *etc.*

Pour obtenir de beaux tirages, vous devez utiliser une imprimante photo de bonne qualité ainsi que du beau – et onéreux – papier photo. Demandez à voir des échantillons d'impression avant d'acheter une imprimante, puis achetez le papier photo recommandé pour cette marque.

Avant d'imprimer vos photos, corrigez les couleurs et recadrez-les avec un programme comme la Galerie de photos Windows Live décrite plus loin dans ce chapitre, à la section « Corriger les photos avec la Galerie de photos Windows Live ».

Voici comment faire migrer vos images de l'écran vers le papier :

1. **Ouvrez le dossier Images à partir du menu Démarrer, puis sélectionnez les photos à imprimer.**

   Vous ne voulez en imprimer qu'une seule ? Cliquez dessus. Pour en sélectionner et donc en imprimer plusieurs à la fois, cliquez sur chaque photo, touche Ctrl enfoncée.

2. **Demandez à Windows 7 d'imprimer les photos.**

   L'impression peut être lancée de deux manières :

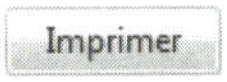

   - En cliquant sur le bouton Imprimer, dans la barre d'outils du dossier. Il y en a un dans la barre de commandes de chaque dossier de la bibliothèque Images (NdT : visible seulement si au moins une photo est sélectionnée).
   - En cliquant du bouton droit sur les photos sélectionnées et en choisissant Imprimer, dans le menu contextuel.

Quelle que soit la technique adoptée, la fenêtre Imprimer les images apparaît (Figure 10.5).

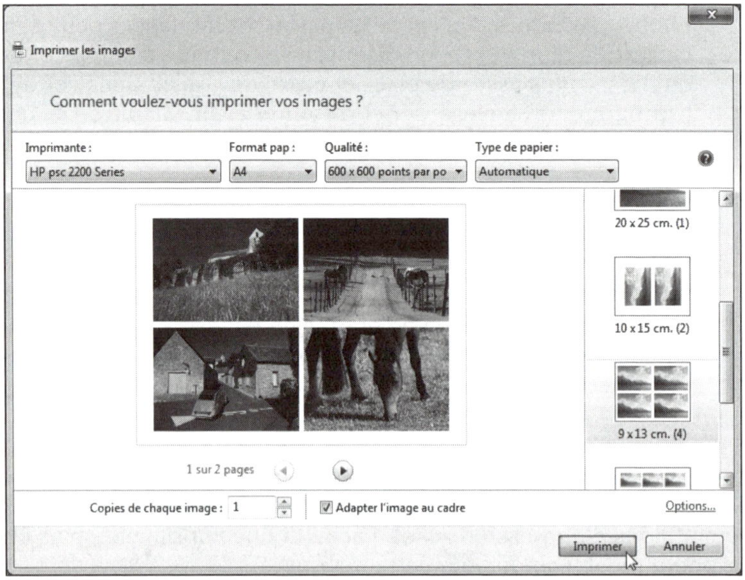

Figure 10.5 : Choisissez la disposition des photos sur le papier, puis cliquez sur le bouton Imprimer.

Les options à choisir sont les mêmes que celles décrites au chapitre 5, consacré à l'impression.

La plupart des labos tirent vos photos sur un meilleur papier et avec une encre de meilleure qualité que votre imprimante. Étant donné le coût des consommables, le labo est souvent moins cher qu'imprimer soi-même. Étudiez leurs tarifs et demandez sur quel support ils préfèrent recevoir les photos : CD, carte mémoire ou par Internet.

Corriger les photos avec la Galerie de photos Windows Live

Windows 7 est parfait pour les tâches élémentaires comme parcourir les photos, les visionner, les envoyer par courrier électronique et les imprimer. Mais il vous faudra un logiciel de retouche simple pour corriger les défauts courants d'une photo, comme l'horizon incliné, les yeux rouges causés par le flash, des couleurs délavées ou pour recadrer la photo afin de mieux mettre le sujet en valeur.

Microsoft espère bien que son programme téléchargeable Galerie de photos Windows Live répondra à vos besoins de retouches. Les corrections qu'il applique ne sont pas irréversibles. Si vous avez fait une erreur, cliquez sur le bouton Annuler, en bas de la Galerie de photos. Si vous ne remarquez la bévue que quelques jours plus tard, cliquez sur la photo en question, cliquez sur le bouton Corriger, et vous verrez qu'en bas à droite, le bouton Rétablir est accessible. Cliquez dessus et la photo originale sera affichée.

La Galerie de photos Windows Live est aussi capable d'importer de la vidéo d'un caméscope numérique.

Installer la Galerie de photos Windows Live

Le téléchargement du programme Live Essentials est détaillé au Chapitre 7, où il est question de l'installation de la messagerie Windows Live Mail.

Le processus est exactement le même pour le téléchargement de la Galerie de photos Windows Live. À un moment, le programme vous demandera si vous désirez qu'il ouvre les fichiers au format JPG, TIF, PNG, WDP, BMP et ICO. Si vous estimez que la Visionneuse de photos Windows s'acquitte fort bien de cette tâche, cliquez sur Non. Autrement, si vous préférez voir ces images dans la Galerie de photos Windows Live, cliquez sur Oui.

Après l'installation, la Galerie de photos Windows Live apparaît (voir Figure 10.6), contenant déjà vos photos classées par dates de prise de vue.

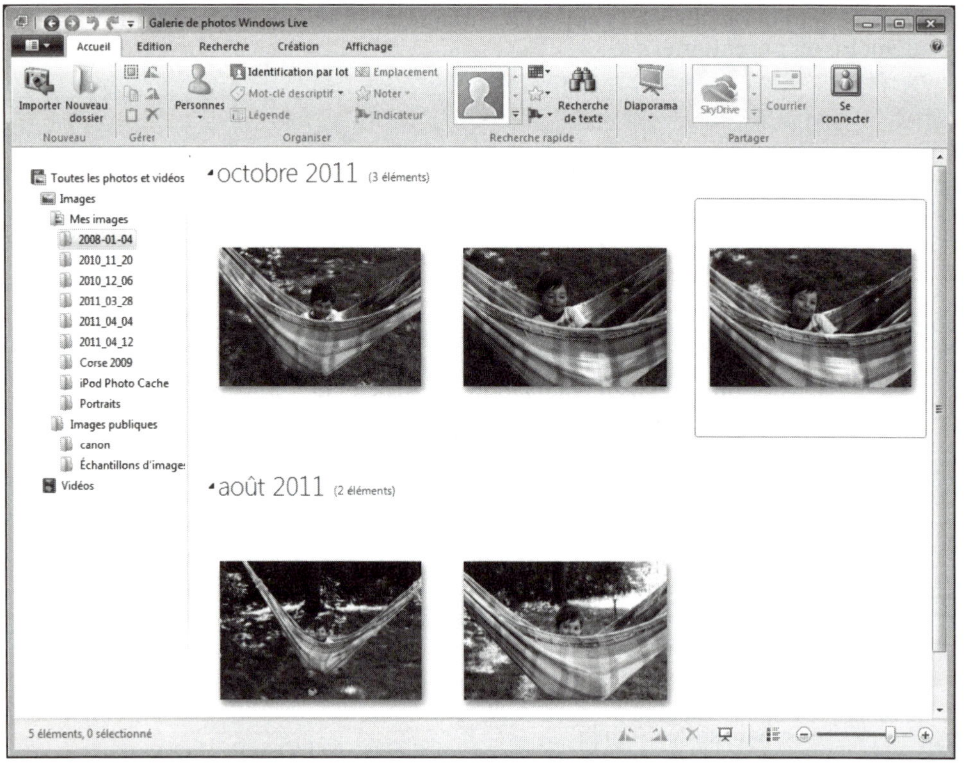

Figure 10.6 : La Galerie de photos Windows Live, téléchargeable gratuitement, permet de trier les photos et de les corriger.

Corriger l'exposition et la couleur

Il est rare que toutes les photos soient parfaitement exposées. Parmi toutes celles que l'on prend, certaines sont un peu surexposées (photos trop claires, aux couleurs délavées), d'autres un peu sous-exposées (photos trop sombres). La Galerie de photos Windows Live permet de corriger ces défauts.

Voici comment corriger l'exposition d'une photo :

1. **Ouvrez la Galerie de photos Windows Live, puis double-cliquez sur la photo incriminée.**

La photo s'affiche, seule et en grand format.

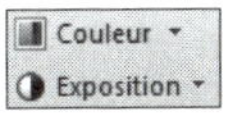

2. **Cliquez, dans l'onglet Edition du ruban, sur les boutons Exposition, puis Couleur.**

   Windows 7 analyse l'image et applique les réglages qui, selon lui, s'imposent : aussi étonnant que cela puisse paraître, le résultat est souvent satisfaisant. Mais parfois, il est pire ou alors, la correction est insuffisante. Vous devrez alors passer à l'Étape 3.

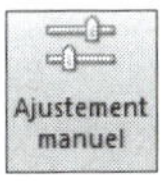

3. **Cliquez sur le bouton Revenir à l'original, puis sur le bouton Ajustement manuel.**

   Le volet de droite s'affiche avec quatre intitulés : Ajuster l'exposition, Ajuster la couleur, Redresser la photo et Ajuster les détails.

4. **Cliquez sur Ajuster l'exposition, puis réglez les curseurs Luminosité, Contraste, Ombre et Reflets (en fait, les hautes lumières).**

   Le réglage automatique fausse toujours quelque peu les paramètres d'exposition. Les curseurs des glissières Luminosité et Contraste sont normalement centrés, mais après l'application de la commande Ajustement automatique, l'un ou l'autre peut être décentré. Si la photo n'est pas encore satisfaisante, passez à l'Étape 5.

> Après avoir utilisé des commandes, cliquez sur le nom du réglage auquel elles appartiennent pour rétracter le panneau.

5. **Cliquez sur Ajuster la couleur. Réglez les paramètres Température de couleur, Teinte et Saturation.**

   NdT : Réglez le curseur Température de couleur si la photo semble globalement trop orangée, verdâtre ou bleutée. Vous pouvez aussi, en l'utilisant délicatement, renforcer une impression de crépuscule ou une ambiance intimiste. La glissière Teinte décale la totalité du spectre chromatique. Vous aurez peu l'occasion de l'utiliser. La glissière Saturation règle l'intensité des couleurs : vers la droite, les couleurs plus vives ; calée à gauche, l'image est privée de couleur et apparaît en noir et blanc (réglez de nouveau le contraste et la luminosité pour obtenir un beau noir et blanc).

6. **Enregistrez ou annulez vos modifications.**

   Si vous estimez que la photo est corrigée, enregistrez vos interventions en cliquant sur le bouton Fermer le fichier, à droite dans le ruban, ou en fermant la Galerie de photos Windows.

Mais si la photo est encore pire qu'avant, renoncez aux modifications en cliquant sur le bouton Revenir à l'original

Redresser une photo

L'attention concentrée sur le sujet, beaucoup de photographes oublient de vérifier si la ligne d'horizon est à niveau. C'est souvent après coup qu'ils s'aperçoivent que la photo est penchée. L'outil Redresser la photo permet de les remettre bien droites.

1. **Ouvrez la Galerie de photos Windows Live, puis double-cliquez sur la photo inclinée.**

   La photo s'affiche, seule et en grand format.

2. **Cliquez sur le bouton Redresser dans l'onglet du ruban.**

   Le programme détecte aussitôt l'inclinaison et redresse la photo.

3. **Si le résultat ne vous satisfait pas, cliquez sur le bouton Revenir à l'original, puis sur le bouton Ajustement manuel.**

   La photo est rétablie dans son inclinaison d'origine, et les outils d'ajustement s'affichent dans le volet de droite.

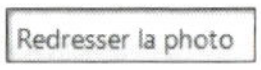

4. **Cliquez sur Redresser la photo dans le volet de droite.**

   Un quadrillage se superpose à la photo.

5. **Faites glisser le curseur vers la gauche ou la droite.**

   Aidez-vous du quadrillage et d'un élément censé être horizontal ou vertical (immeuble, personne debout…) pour bien mettre la photo à niveau.

6. **Cliquez sur Fermer le fichier afin d'enregistrer vos modifications.**

Rogner les photos

Rogner les photos, c'est les recadrer. À vrai dire, le recadrage commence dès la prise de vue, lorsque vous recherchez le point de vue et orientez l'appareil afin d'obtenir une bonne image.

Mais, de retour chez vous, vous constatez parfois que la composition de l'image n'est pas aussi bonne que vous le pensiez : un pied ou un bras dépasse dans l'image, un poteau ou un pylône gâche le paysage.

Un recadrage peut remédier à ces défauts. Vous ne retiendrez que la partie intéressante d'une image et éliminerez le reste. Ces trois étapes expliquent comment faire pour recadrer un sujet pris d'un peu trop loin et donner ainsi plus de force à l'image.

1. **Ouvrez la Galerie de photos Windows Live, puis double-cliquez sur la photo inclinée.**

   La photo s'affiche, seule et en grand format.

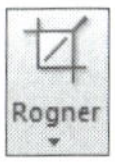

2. **Cliquez sur la flèche du bouton Rogner dans l'onglet du ruban, déroulez le menu Proportions et choisissez un format de papier.**

   L'outil Rogner place un cadre dans l'image, comme le montre la Figure 10.7. Tout ce qui se trouve à l'extérieur sera supprimé.

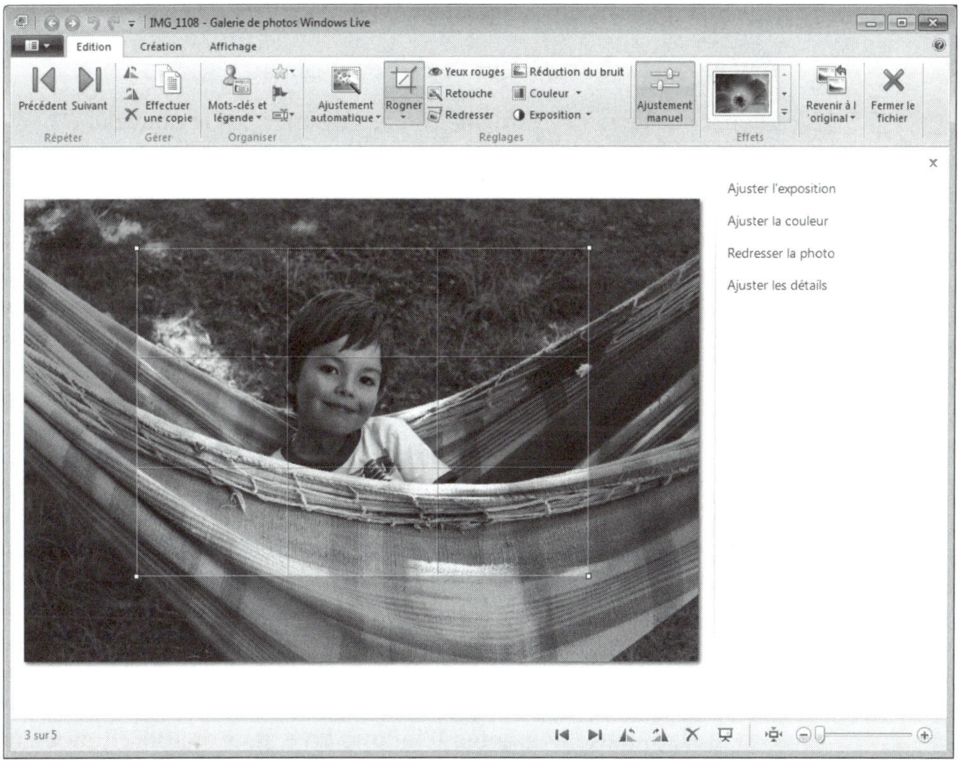

Figure 10.7 : Cadrez la partie de la photo à conserver.

> Vous envisagez de créer un DVD avec le programme Création de DVD Windows ? Choisissez la proportion 16 x 9 pour obtenir un format horizontal 16/9 qui emplira entièrement l'écran large d'un téléviseur.

3. **Délimitez le recadrage.**

   Windows 7 centre le cadre, ce qui n'est pas toujours la meilleure solution. Repositionnez-le en cliquant dedans et en le tirant, bouton de la souris enfoncé. Réglez ensuite les dimensions du cadre : en tirant un coin, la proportion est maintenue. En tirant un côté, la proportion n'est plus respectée (le menu déroulant Proportions propose alors Personnalisée).

   Pour recadrer en fonction de différents formats de papiers, déroulez le menu Proportions et choisissez-en un. Cliquez sur le bouton Faire pivoter l'image pour obtenir un cadrage, soit en hauteur, soit en largeur.

4. **Cliquez sur la flèche du bouton Rogner, puis sur Appliquer le rognage pour recadrer l'image.**

   Tout ce qui est à l'extérieur du cadre est éliminé.

   Cliquer sur Revenir à l'original si vous n'aimez pas le nouveau cadrage. Si au contraire il vous plaît, cliquez sur le bouton Fermer le fichier pour l'enregistrer et revenir à la photothèque.

Rogner une image est commode pour réaliser les photos qui illustreront vos comptes d'utilisateurs. Choisissez la proportion Carré, cadrez le portrait bien serré puis, après avoir enregistré l'image, intégrez-la à un compte d'utilisateur.

Corriger les yeux rouges

La lumière du flash est si soudaine et intense que les pupilles n'ont pas le temps de se contracter. Au lieu d'être noires, sur la photo, elles sont d'un rouge soutenu car la lumière se reflète sur le réseau sanguin de la rétine.

L'outil Corriger les yeux rouges de la Galerie de photos Windows remplace le rouge par des nuances de gris foncé et de noir plus esthétiques.

1. **Ouvrez la Galerie de photos Windows Live, puis double-cliquez sur la photo inclinée.**

   La photo s'affiche, seule et en grand format.

2. **Cliquez sur le bouton Yeux rouges.**

Zoomez sur les yeux rouges en faisant glisser le curseur, dans la barre de navigation en bas de la fenêtre ou en appuyant sur Ctrl + +.

3. **Tirez un rectangle autour de la pupille et relâchez le bouton de la souris.**

   Dès que le bouton est relâché, le rouge des pupilles est remplacé par des nuances de gris presque noir (NdT : Cette commande corrige les yeux rouges, mais moins bien, voire pas du tout, les yeux verts ou jaunes des animaux de compagnie).

Graver un film ou un diaporama avec le programme Création de DVD Windows

Procédez comme suit pour graver un film ou un diaporama sur un DVD qui pourra être lu par un lecteur de salon et donc regardé sur le téléviseur :

1. **Démarrez Windows Création de DVD Windows.**
2. **Cliquez sur le bouton Ajouter des éléments. Sélectionnez vos films ou vos photos, puis cliquez sur Suivant.**

   Vous pouvez choisir des séquences vidéo, éventuellement montées avec Movie Maker.

   Pour créer un diaporama, choisissez les photos à placer sur le DVD. Vous pouvez modifier leur ordre en les tirant vers le haut ou vers le bas.

Pour ajouter toutes les photos d'un dossier, sélectionnez-les toutes en appuyant sur Ctrl + A.

N'utilisez pas Création de DVD Windows si vous voulez copier ou sauvegarder des fichiers sur un DVD vierge. Copiez plutôt les dossiers ou les fichiers directement sur le DVD, comme expliqué au Chapitre 3.

3. **Personnalisez le menu d'ouverture, si vous le désirez.**

   Consacrez quelques minutes à fignoler le menu d'ouverture. C'est une sorte de titrage qui apparaît avant d'avoir démarré la lecture d'un film ou d'un diaporama. Le programme Création de DVD Windows propose ces trois options :

- **Texte de menu :** Cliquez sur ce bouton pour choisir le titre du film ou diaporama, de même que les options qui doivent figurer dans le menu. Ou alors, tenez-vous-en aux deux options par défaut de tous les DVD : Lecture Scènes.
- **Personnaliser le menu en effet :** Vous pouvez modifier la police du menu et changer les photos, choisir une vidéo qui se répétera à l'arrière-plan, sélectionner une musique d'accompagnement et même changer l'apparence des *menus de scènes* qui permettent de passer rapidement à différentes parties du film. Cliquez sur le bouton Aperçu pour vérifier que c'est bien ce que vous désirez.
- **Diaporama :** Conçue spécifiquement pour les diaporamas, cette commande permet de choisir la musique d'accompagnement, la durée d'affichage des photos et les transitions.
- **Styles de menus :** Ce menu déroulant contient des arrière-plans empruntés à Movie Maker, destinés à agrémenter le graphisme (j'aime beaucoup les styles Mur vidéo et Voyage, pour les diaporamas).

4. **Cliquez sur Graver.**

   Vous pouvez abandonner l'ordinateur pendant quelques heures, car Création de DVD Windows prend largement son temps !

   Quand il a terminé, Création de DVD Windows éjecte un DVD prêt à être étiqueté avec un feutre indélébile – NdT : Ou, si vous êtes soigneux, avec une étiquette imprimée et collée avec une machine spéciale – puis inséré dans le lecteur de DVD de salon afin de regarder votre impérissable chef-d'œuvre sur l'écran du téléviseur.

Créer, monter et visionner des vidéos numériques

Les étagères des vidéastes amateurs croulent sous les cassettes de films de vacances, d'événements sportifs et de bains de bébé. Malheureusement, Windows 7 n'est pas doté de Movie Maker, le logiciel de montage vidéo livré auparavant avec Windows XP et Windows Vista.

Vous devrez donc télécharger son équivalent, Windows Live Movie Maker depuis le site www.download.live.com/. Pour pouvoir importer des séquences vidéo depuis votre caméscope numérique, il vous faudra le programme Galerie de photos Windows Live, décrit à la précédente section.

Le reste de cette section explique les trois phases du montage vidéo :

1. **L'importation.**

   Il s'agit de la collecte des matériaux bruts. Vous copierez sur le disque dur les scènes filmées avec le caméscope, qui apparaîtront dans Movie Maker sous forme de clips séparés. Ajoutez d'autres vidéos, des émissions de télévision enregistrées, des fichiers de musique, des photos numériques, bref tout ce dont vous avez besoin pour le film.

2. **Le montage.**

   Montez les clips vidéo, la musique et les images fixes pour en faire un film digne de ce nom. Faites glisser vos meilleurs clips sur la Table de montage séquentiel dans l'ordre où ils doivent apparaître, et placez des transitions entre certaines séquences. Ajouter aussi une bande sonore, et un titrage de début et de fin.

3. **La diffusion.**

   Le montage terminé, Movie Maker produit un film terminé, prêt à entre enregistré dans votre ordinateur, gravé sur un CD ou un DVD ou réintroduit dans votre caméscope.

La création d'un film exige beaucoup de place libre sur le disque dur. Prévoyez 2,5 gigaoctets pour un court-métrage de 15 minutes. Si la place manque, vous avez deux possibilités : créer des films plus courts ou ajouter un second disque dur de grande capacité à l'ordinateur.

Étape 1 : Importer la vidéo, les photos et la musique

Si vous avez déjà importé des séquences vidéo de votre caméscope numérique, passez directement à l'Étape 4 car vous avez pris de l'avance.

Mais si vous êtes sur le point de le faire, vous avez du pain sur la planche. Pour que Movie Maker puisse monter vos vidéos, vous devez d'abord les copier dans l'ordinateur à l'aide d'un câble. La plupart des caméscopes se connectent au port FireWire ou USB 2.0 (le premier, parfois appelé du nom de sa norme, IEEE-1394, fonctionne mieux).

Si votre ordinateur n'est pas équipé d'un port FireWire, installez une carte d'extension FireWire, qui est de surcroît bon marché. J'explique comment faire dans mon livre *PC Mise à niveau et dépannage Pour les Nuls.*

Votre caméscope est un ancien modèle analogique ? Il est parfaitement possible de transférer les films dans Windows 7 en recourant à une carte d'acquisition vidéo installée dans l'ordinateur.

Quand vous importez de la vidéo par le port FireWire, ou IEEE-1394, il suffit d'utiliser le câble approprié. Au travers de ce seul câble, Windows 7 récupère le son et la vidéo et contrôle aussi la caméra.

Procédez comme suit pour importer de la vidéo numérique dans l'ordinateur :

1. **Téléchargez et installez la Galerie de photos Windows Live, si cela n'a pas encore été fait. Connectez le caméscope à l'ordinateur, ouvrez la Galerie de photos Windows Live, cliquez sur le bouton Fichier et choisissez Importer depuis un appareil photo ou un scanneur.**

   Si c'est la première fois que vous branchez le caméscope numérique, Windows 7 le reconnaît et propose aussitôt d'importer les vidéos qui s'y trouvent. Dans le cas contraire, pour qu'il soit détecté, vous devrez peut-être configurer le caméscope dans le mode où il visionne les vidéos, et non en mode d'enregistrement.

2. **Dans la fenêtre Importer des photos et des vidéos, cliquez sur l'icône de votre caméscope. Cliquez ensuite sur Importer.**

3. **Nommez la vidéo, indiquez comment l'importer et cliquez sur Suivant.**

   Commencez par nommer la vidéo en fonction du sujet (vacances à Trifouillis-les-Oies, mariage…).

   Choisissez ensuite l'un des trois moyens par lequel vos films seront stockés dans le dossier Vidéos :

   - **Importer la bande vidéo complète sur mon ordinateur :** Cette option importe la totalité des vidéos. Ce choix est surtout approprié pour ceux qui enregistrent chaque série de prises de vue sur une bande différente.

- **Importer uniquement des parties de la bande vidéo sur mon ordinateur :** Choisissez cette option pour importer rapidement quelques parties de la bande. Windows 7 affiche une fenêtre de lecture avec des boutons de commande. Effectuez une avance rapide jusqu'au début de la séquence désirée, cliquez sur le bouton Lancer Importation de vidéo, enregistrez un bout de scène, puis cliquez sur Arrêter l'importation de la vidéo. Répétez cette manipulation jusqu'à ce que vous ayez obtenu toutes les scènes voulues, puis cliquez sur Terminer.

- **Graver la totalité de la vidéo sur un DVD :** Le fichier audiovisuel est gravé directement sur un DVD. Bien que commode, cette option donne à voir le film non monté, avec toutes ses éventuelles longueurs et parties inintéressantes.

L'ordinateur doit fonctionner en continu pendant la récupération des séquences, car il a besoin d'un maximum de puissance de calcul pour produire des séquences fluides. N'utilisez aucun autre programme pendant qu'il mouline et n'en profitez pas pour aller sur le Web.

Windows 7 stocke les séquences dans le dossier Vidéos, que vous pouvez atteindre en cliquant sur l'icône de Windows Explorer, dans la barre des tâches.

4. **Ouvrez Movie Maker Live, s'il ne l'est pas encore.**

   Vous le trouverez bien évidemment dans Tous les programmes, après avoir cliqué sur le bouton Démarrer.

5. **Collectez les vidéos, photos, musiques et sons à incorporer dans votre vidéo.**

   Le ruban visible à la Figure 10.8 propose les boutons Ajouter des vidéos et des photos et Ajouter de la musique.

Pour supprimer des éléments placés par erreur dans le volet de droite, cliquez dessus puis cliquez sur le bouton Supprimer approprié, dans le ruban (ou appuyez sur la touche Suppr).

Au terme de cette étape, Movie Maker héberge toutes les vidéos, photos et musiques dont vous avez besoin pour votre film. À la prochaine étape, nous monterons et mixerons tous ces éléments pour obtenir le produit fini.

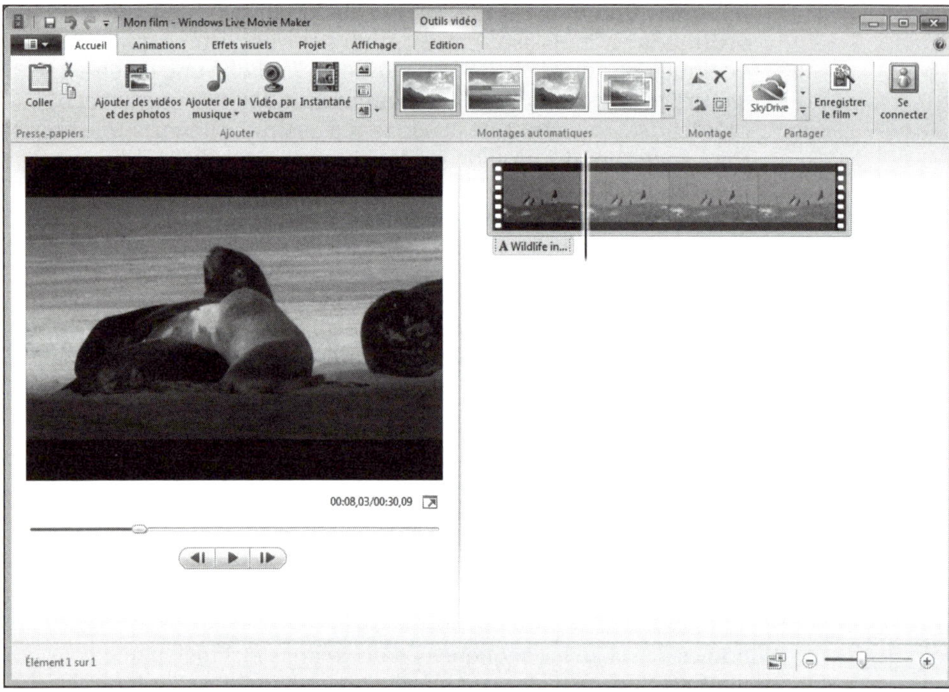

Figure 10.8 : Cliquez sur l'un des boutons Ajouter pour insérer des éléments visuels ou audio dans le film.

Étape 2 : Monter le film

Après avoir importé les vidéos, sons et photos, vous êtes prêt à assembler tout cela pour en faire un film, en éliminant au passage les séquences ratées et en coupant les meilleures prises aux bons endroits. Cliquez sur le bouton Démarrer la lecture – le bouton bleu en bas à gauche – pour regarder votre œuvre.

Le film peut être monté de diverses manières :

- **En changeant l'ordre de lecture :** Tirez les clips et les photos à différents endroits, dans le volet de droite.
- **En supprimant les séquences ou photos ratées :** Un bougé de la caméra ou une photo floue ? Cliquez du bouton droit sur cet élément et choisissez Supprimer.
- **En coupant dans les clips :** Pour couper dans un clip, cliquez sur l'onglet Édition, dans le ruban, et cliquez sur Découper. D'épaisses barres apparaissent à chaque extrémité de la barre de temps.

Positionnez celle de gauche là où la séquence doit commencer, et celle de droite là où elle doit se terminer. C'est bon ? Cliquez sur Enregistrer et fermer.

- **En insérant des transitions :** Elles agrémentent l'enchaînement des séquences. Cliquez sur l'onglet Effets visuels, dans le ruban. Cliquez sur un effet puis sur l'une des trois transitions proposées.

Ne vous inquiétez pas pour vos vidéos originales, elles ne risquent rien car vous ne travaillez que sur des copies. L'original reste en lieu sûr dans la bibliothèque Vidéos.

Visionnez fréquemment votre travail, pendant le montage, en cliquant sur le bouton Démarrer la lecture, sous l'aperçu.

Étape 3 : Enregistrer le film ou le diaporama

Le montage terminé, cliquez sur le bouton Enregistrer, à droite dans le ruban Accueil. Le programme peut enregistrer le film dans la bibliothèque Vidéos, dans l'un des trois formats suivants :

- **Qualité DVD Windows Media :** Cette option produit un fichier qui pourra être gravé avec le programme Création de DVD Windows, évoqué à la section précédente.
- **Périphérique portable Windows Media :** Cette option crée un fichier de petite taille pour la lecture sur des baladeurs vidéo comme Zune (l'enregistrement au format iPod n'est toutefois pas possible).

Après avoir choisi une option et cliqué sur Enregistrer, Windows confectionne votre film, choisissant la taille de fichier et la qualité appropriées à la destination sélectionnée.

La publication de films et de diaporamas peut être fort longue. Windows doit en effet arranger tous vos clips, créer les transitions et la bande sonore, et tout compresser dans un seul fichier.

Personnaliser Windows 7

Chapitre 11

Dans ce chapitre :

- Changer l'arrière-plan du Bureau.
- Choisir un écran de veille.
- Modifier le thème de l'ordinateur.
- Modifier la résolution de l'écran.
- Régler le volume sonore.
- Ajouter une imprimante.
- Régler la date, l'heure, la langue et les options régionales.
- Supprimer, modifier ou ajouter des programmes.

Windows 7 n'est pas un outil immuable. Vous avez la possibilité de changer son comportement et celui de ses composants, ainsi que de modifier son aspect pour l'adapter autant que possible à vos goûts, besoins ou habitudes. Ce chapitre vous explique comment personnaliser Windows à votre image.

Changer l'arrière-plan du Bureau

Vous pouvez agrémenter le Bureau avec de jolies images d'arrière-plan, appelées aussi *papier peint* (NdT : une appellation héritée des anciennes versions de Windows).

Si vous commencez à vous lasser des somptueux paysages livrés avec Windows, pourquoi ne pas utiliser une image de votre propre photothèque ? Voici comment :

1. **Cliquez du bouton droit sur le Bureau, choisissez Personnaliser, puis parmi les icônes en bas de la fenêtre, cliquez sur Arrière-plan du Bureau.**
2. **Cliquez sur n'importe laquelle des photos visibles à la Figure 11.1, et Windows l'affiche aussitôt sur le fond du Bureau.**

   La photo vous plaît ? Cliquez sur le bouton Enregistrer les modifications afin de la conserver sur le Bureau. Cliquez sur le menu Emplacement de l'image pour accéder à d'autres images. Ou alors, si vous n'avez pas trouvé votre bonheur, continuez à l'étape suivante.

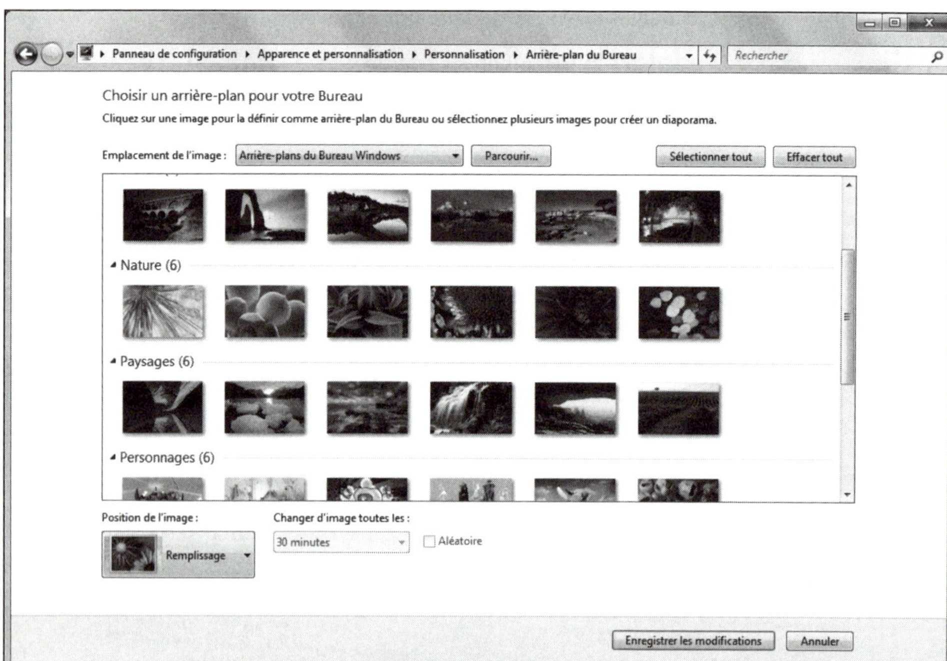

Figure 11.1 : Essayez différents arrière-plans en cliquant dessus. Cliquez sur le bouton Parcourir pour choisir des images dans d'autres dossiers et bibliothèques.

3. **Cliquez sur le bouton Parcourir puis cliquez sur un fichier de votre dossier Images.**

   La plupart des gens stockent leurs photos dans le dossier nommé Images (parcourir les dossiers et les bibliothèques est expliqué au Chapitre 3).

4. **Vous avez trouvé une belle photo ?**

   Quittez le programme, et la photo est utilisée comme arrière-plan.

Vous avez remarqué une fabuleuse image lors de vos pérégrinations sur le Web avec Internet Explorer ? Cliquez dessus du bouton droit et sélectionnez Choisir comme image d'arrière-plan. Windows copie furtivement l'image et l'étale sur le Bureau, où elle devient un nouvel arrière-plan.

Choisir un écran de veille

À l'époque des premiers PC, les écrans cathodiques avaient une fâcheuse tendance à conserver une image fantôme de ce qui s'y affichait longuement à la même place, comme des cadres par exemple. Pour éviter ce phénomène de rémanence, les utilisateurs activaient ce que l'on appelait aussi un « économiseur d'écran ». Il affichait un motif mouvant – feu d'artifice, lignes en mouvement… – empêchant l'usure du phosphore. Les écrans plats ne souffrant plus de cet effet, les gens n'utilisent l'écran de veille que pour son esthétique.

Windows est livré avec plusieurs écrans de veille. Procédez comme suit pour en essayer un :

1. **Cliquez du bouton droit sur le Bureau.**

2. **Choisissez Personnaliser, puis Écran de veille.**

   La boîte de dialogue Paramètres de l'écran de veille apparaît.

3. **Cliquez sur la flèche pointée vers le bas de l'unique menu déroulant et sélectionnez un écran de veille.**

   Après avoir choisi un écran de veille, cliquez sur le bouton Aperçu pour voir son effet en plein écran. Visionnez-en autant que vous le désirez avant d'en choisir un.

N'oubliez pas de cliquer sur le bouton Paramètres, car la plupart des écrans de veille offrent des options. Vous pouvez par exemple régler la vitesse du diaporama et le sens du déplacement des photos à travers l'écran.

4. **Au besoin, renforcez la sécurité en cochant la case À la reprise, afficher ouverture de session.**

   Ce système de sécurité évite aux intrus de fouiller dans votre ordinateur pendant que vous êtes à la machine à café. Dès que l'écran de veille cesse, Windows demande le mot de passe.

5. **Après avoir paramétré l'écran de veille, cliquez sur OK.**

Modifier le thème de l'ordinateur

Les thèmes sont simplement des ensembles de paramètres. Vous pouvez par exemple enregistrer l'écran de veille et l'arrière-plan du Bureau dans un thème, ce qui permet de passer rapidement de la présentation d'origine de Windows 7 à la vôtre et inversement.

Pour en essayer un, cliquez du bouton droit sur le Bureau, choisissez Personnaliser puis cliquez sur un thème. La boîte de dialogue de la Figure 11.2 apparaît.

Windows 7 montre ses différents thèmes :

- **Mes thèmes :** Les thèmes que vous aurez configurés et enregistrés apparaissent ici.
- **Thèmes Aero :** Le thème Windows 7, qui est celui en vigueur lorsque Windows vient d'être installé, se trouve dans cette catégorie. La carte graphique de l'ordinateur doit être suffisamment performante pour utiliser ces thèmes très sophistiqués.
- **Thèmes de base et à contraste élevé :** Le thème Windows 7 Basic propose une version allégée, sans les effets de transparence et d'ombres, pour les ordinateurs dont la carte graphique n'autorise pas les effets Aero. Windows Classique reproduit le *look* Windows 98, pour les nostalgiques de cette antique version. Les thèmes à contraste élevé sont destinés aux déficients visuels.

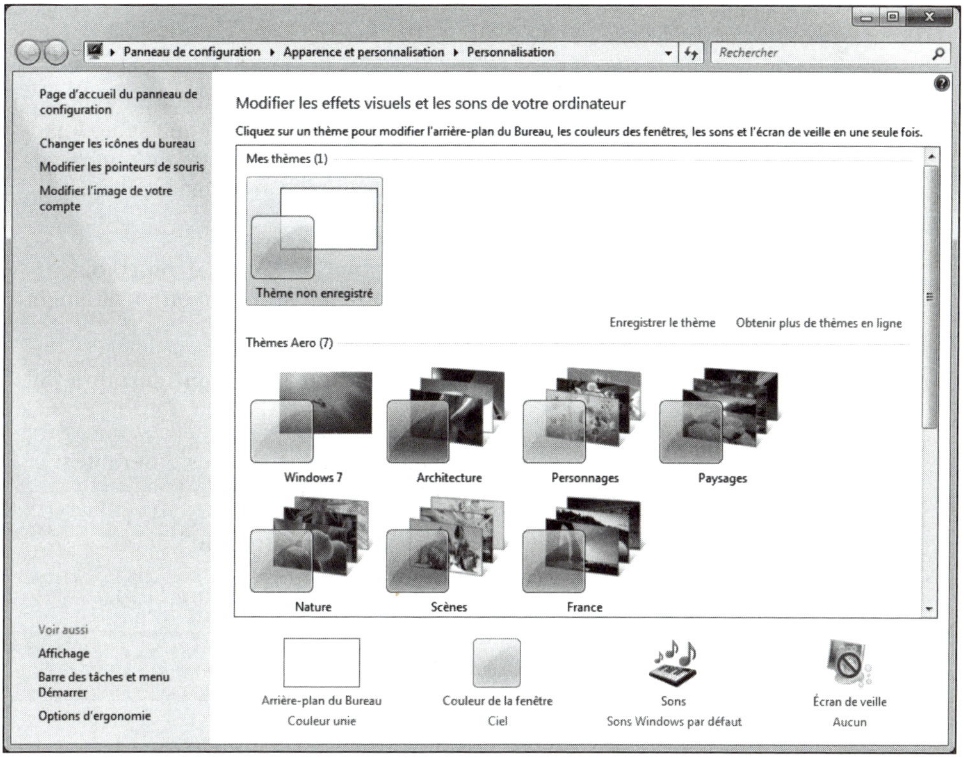

Figure 11.2 : Choisissez un thème prédéfini pour changer l'apparence et les sons de Windows.

Au lieu d'opter pour les thèmes prédéfinis de Windows 7, créez les vôtres en modifiant l'arrière-plan, les couleurs, l'écran de veille et autres éléments graphiques ou sonores. Enregistrez ensuite le thème en cliquant sur le lien Enregistrer le thème, à la rubrique Mes thèmes, puis nommez-le.

- Vous ne trouvez pas votre bonheur parmi les thèmes fournis avec Windows 7 ? Cliquez sur le lien Obtenir plus de thèmes en ligne. Mais avant de télécharger des thèmes sur le Web ou les obtenir en pièce jointe, assurez-vous d'avoir installé un antivirus et vérifié qu'il est à jour. Les virus sont souvent propagés au travers de thèmes véreux.

Modifier la résolution de l'écran

Paramètre souvent mésestimé, la résolution de l'écran détermine la quantité d'informations susceptibles d'être affichées en une seule fois. L'augmenter permet d'afficher davantage d'éléments mais en plus petit, tandis que la réduire affiche les éléments en plus gros, mais aussi en moins grand nombre.

Procédez comme suit pour trouver la résolution la plus confortable (NdT : consultez le manuel de votre écran plat car beaucoup n'affichent correctement une image qu'à la seule résolution native) :

1. **Dans le menu Démarrer, choisissez Panneau de configuration puis cliquez sur Apparence et personnalisation.**

   La zone Apparence et personnalisation répertorie les différentes manières de modifier la présentation de Windows 7.

2. **Sous Affichage, cliquez sur Ajuster le résolution de l'écran.**

   La fenêtre de configuration de l'écran apparaît (Figure 11.3).

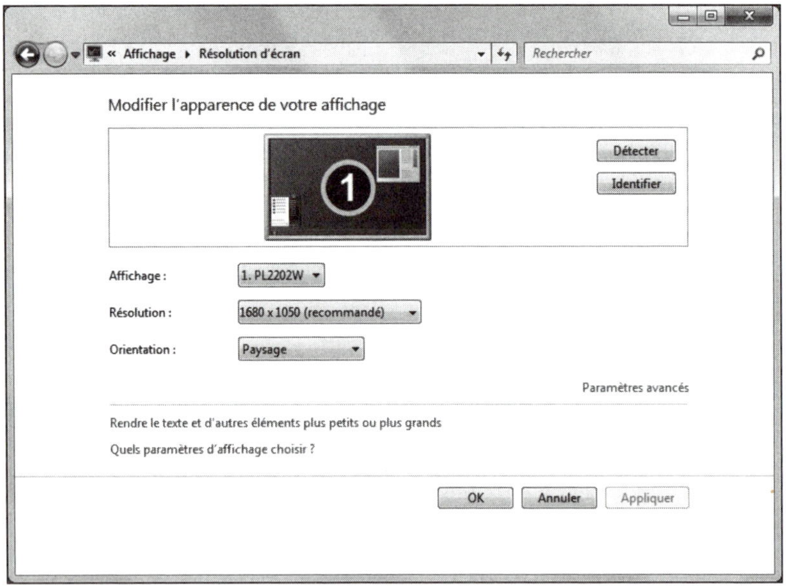

Figure 11.3 : Selon la résolution de l'écran, Windows affichera plus ou moins d'informations.

3. **Pour changer la résolution d'écran, cliquez sur le bouton Résolution. À la place du menu, Windows affiche une glissière**

verticale. Déplacez le curseur vers Élevé ou vers Bas, selon la résolution désirée.

Il n'y a pas de bon ou de mauvais choix, mais un conseil s'impose : la plupart des sites Web ne tiennent pas dans un écran en 640 x 480 pixels. Une résolution de 800 x 600 est meilleure, et 1024 x 768 conviendra à tous les sites Web que vous visiterez. Windows 7 s'accommodera de tous les sites.

4. **Testez ce que donnent les modifications en cliquant sur le bouton Appliquer.**

> Quand Windows 7 passe à une nouvelle résolution, il vous accorde un délai de 15 secondes pour approuver ou rejeter la modification. En effet, si l'écran devient tout noir, plus aucun bouton n'est visible. Si passé ce délai vous n'avez pas cliqué, Windows 7 rétablit la résolution antérieure.

5. **Cliquez sur OK afin de mémoriser vos réglages.**

Régler le volume sonore

Pour baisser le volume du PC, cliquez sur le petit haut-parleur près de l'horloge et tirez le curseur vers le bas (Figure 11.4). Pas de petite icône de haut-parleur dans la Barre des tâches ? Rétablissez-la en cliquant du bouton droit sur l'horloge, choisissez Propriétés et cochez la case Volume.

Pour rendre le PC muet, cliquez sur l'icône en forme de haut-parleur, sous la glissière. Cliquez de nouveau dessus pour rétablir le son.

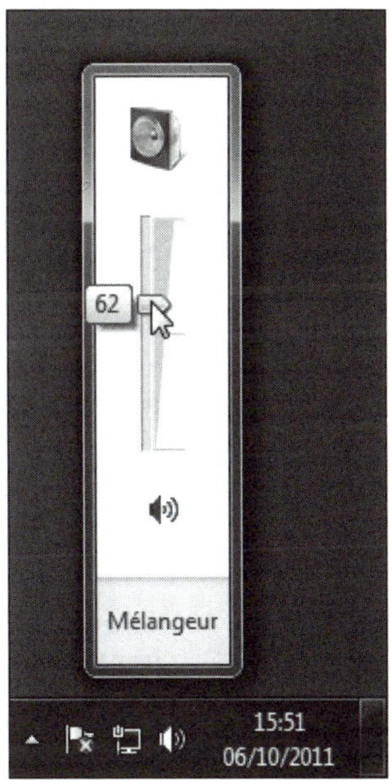

Figure 11.4 : Cliquez sur l'icône en forme de haut-parleur puis actionnez le curseur afin de régler le volume sonore.

Ajouter une imprimante

Les fabricants d'imprimantes n'ont jamais réussi à se mettre d'accord sur la manière dont une imprimante doit être installée :

- Certains fabricants préconisent de simplement brancher l'imprimante, en insérant la petite prise rectangulaire dans un port USB, de l'allumer ensuite, après quoi Windows 7 la reconnaît et l'adopte. Assurez-vous que la cartouche d'encre et le papier sont en place, et vous pouvez imprimer.
- D'autres fabricants préconisent d'installer les logiciels de l'imprimante avant de la connecter à l'ordinateur. Autrement, elle ne fonctionnerait pas.

Le seul moyen de savoir comment procéder est de consulter le manuel de l'imprimante.

Si votre imprimante n'est pas accompagnée d'un logiciel d'installation, placez d'abord la ou les cartouches et le papier, puis procédez comme suit :

1. **L'ordinateur étant en marche, connectez l'imprimante et allumez-la.**

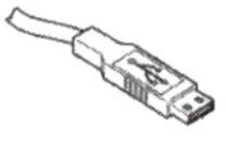

   Si le connecteur de l'imprimante est une petite prise rectangulaire, l'imprimante est de type USB, ce qui est le cas de presque tous les modèles actuels. Windows 7 affichera un message confirmant que l'installation de l'imprimante est réussie, mais suivez néanmoins les étapes suivantes afin de la tester.

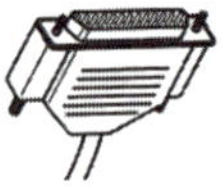

   Si la prise de votre imprimante est un gros connecteur trapézoïdal à deux rangées de broches, sa connexion est de type « parallèle », appelée aussi LPT en jargon informatique. Branchez-la au port Imprimante de l'ordinateur (NdT : les PC récents sont aujourd'hui dépourvus de ce port désuet, mais il existe dans les boutiques d'informatique des adaptateurs qui convertissent la prise 25 broches de l'imprimante en prise USB).

2. **Cliquez sur le bouton Démarrer, puis sur Périphériques et imprimantes.**

   Le Panneau de configuration affiche tous vos périphériques, y compris votre imprimante, identifiable par sa marque et son modèle. Cliquez du bouton droit sur l'icône, choisissez Propriétés de l'imprimante (NdT : Et non Propriétés) puis cliquez sur le bouton Imprimer une page de test. Si elle est correctement imprimée, vous êtes au bout de vos peines. Félicitations, c'est terminé.

Si le nom de votre imprimante n'apparaît pas, passez à l'Étape 3.

La page de test n'a pas été imprimée ? Assurez-vous que tous les éléments d'emballage ont été retirés de l'imprimante et surtout, que la cartouche a bel et bien été insérée. Si elle n'imprime toujours pas, c'est qu'elle est probablement défectueuse. Contactez la boutique où vous l'avez achetée.

3. **Dans la barre d'outils de la fenêtre, cliquez sur le bouton Ajouter une imprimante, puis cliquez sur l'option Ajouter une imprimante locale.**

4. **Choisissez le type de port par lequel l'imprimante est connecté puis cliquez sur Suivant.**

   Choisissez LPT1 si la connexion est de type Parallèle (connecteur trapézoïdal à deux rangées de broches, autant dire une antiquité). Si l'imprimante est de type USB, cliquez sur Annuler, installez son logiciel puis recommencez. Elle n'a pas de logiciel ? Téléchargez-le depuis le site Web du fabricant.

5. **Choisissez le port de l'imprimante et cliquez sur Suivant.**

   Quand Windows 7 demandera quel port choisir, sélectionnez LPT1.

6. **Sélectionnez le fabricant et le modèle de l'imprimante, puis cliquez sur Suivant.**

   Dans la boîte de dialogue Ajouter une imprimante, la liste des fabricants se trouve à gauche, leurs modèles d'imprimantes à droite (Windows 7 en reconnaît des centaines).

   Windows peut demander d'insérer le CD approprié. Vous ne l'avez pas ? Cliquez sur le bouton Windows Update : Windows 7 se connecte à l'Internet pour tenter de trouver le logiciel de cette imprimante.

   Après un moment, une nouvelle liste d'imprimantes apparaît. Imprimez la page de test comme le suggère Windows 7.

Et voilà ! En principe, votre imprimante devrait fonctionner à merveille.

Régler la date, l'heure, la langue et les options régionales

Microsoft a conçu ces paramètres pour les possesseurs d'ordinateurs portables qui voyagent beaucoup et changent fréquemment de fuseau horaire. Autrement, vous ne les réglerez qu'une seule fois, au moment de la configuration initiale de l'ordinateur. L'ordinateur mémorise la date et l'heure même lorsqu'il est éteint, grâce à une petite pile bouton située sur la carte-mère.

Pour accéder à ces paramètres, cliquez sur le bouton Démarrer, puis sur le bouton Panneau de configuration, puis sur Horloge, langue et région. La fenêtre contient deux rubriques : Date et heure, et Région et langue. Vous y effectuerez les tâches suivantes :

- **Date et heure :** Vous réglez ces paramètres temporels (notez que cliquer sur l'horloge, dans la barre des tâches, et choisir Modifier les paramètres de la date et de l'heure, vous permet d'accéder à la même boîte de dialogue).
- **Région et langue :** Vous voyagez au Brésil ? Cliquez sur cette option et, dans le menu déroulant Format, choisissez Portugais (Brésil). Windows applique la langue de ce pays, le symbole monétaire du real, ainsi que le format de la date en portugais. Pendant que vous y êtes – dans la boîte de dialogue, pas au Brésil –, cliquez sur l'onglet Emplacement et dans le menu Lieu actuel, choisissez Brésil.

  Les polyglottes modifient souvent les options régionales, notamment lorsqu'ils travaillent sur des documents exigeant des caractères typographiques d'autres langues.

Supprimer ou modifier des programmes

Procédez comme suit pour supprimer un programme ou modifier ses paramètres :

1. **Cliquez sur Panneau de configuration, dans le menu Démarrer, et sous Programmes et fonctionnalités, cliquez sur le lien Désinstaller un programme.**

   La fenêtre Désinstaller ou modifier un programme, similaire à celle de la Figure 11.5, apparaît. Elle répertorie les programmes actuellement installés, leur éditeur, leur taille sur le disque dur ainsi que la date d'installation.

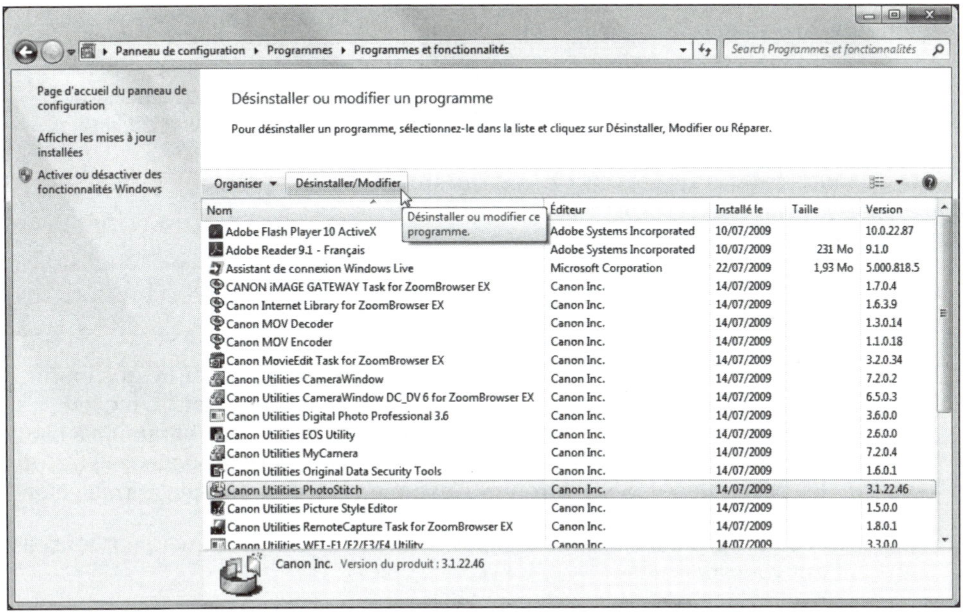

Figure 11.5 : Désinstaller ou modifier un programme.

2. **Cliquez sur le programme à supprimer puis cliquez sur le bouton Désinstaller, Modifier ou Réparer :**

   - **Désinstaller :** Supprime complètement de programme de votre ordinateur (pour certains programmes, ce bouton apparaît sous la forme Désinstaller/Modifier).
   - **Modifier :** Permet de modifier certains composants ou fonctionnalités, où d'ôter des éléments.
   - **Réparer :** Une option de choix pour un programme endommagé. Elle demande au programme de s'auto-inspecter et remplace les fichiers endommagés par de nouveaux fichiers. Vous devrez cependant disposer du CD d'origine.

3. **Windows 7 demande si vous êtes sûr : cliquez sur Oui.**

   Windows 7 démarre le programme de désinstallation associé au logiciel à supprimer, ou parfois, supprime le programme sans autre forme de procès, redémarrant l'ordinateur si c'est nécessaire.

   Une fois supprimé, le programme l'est définitivement ; il ne transite pas par une corbeille. C'est pourquoi, veillez à toujours posséder son CD d'installation, pour le cas où vous désireriez le réinstaller.

Utilisez toujours la fenêtre Désinstaller ou modifier un programme, lorsque vous voulez vous débarrasser d'un logiciel. Se contenter de placer ses dossiers dans la Corbeille n'est ni suffisant ni à faire. Procéder ainsi provoque presque immanquablement une instabilité du système qui envoie en retour d'affreux messages d'erreurs qui hanteront vos nuits.

Ajouter un programme

Vous n'aurez peut-être jamais à utiliser cette fonction, car de nos jours, presque tous les programmes s'installent d'eux-mêmes sitôt que leur CD a été inséré dans le lecteur. Si vous ne savez pas si un programme a bien été installé, cliquez sur le bouton Démarrer et cherchez dans la liste Tous les programmes. S'il s'y trouve, c'est que tout s'est déroulé normalement.

Si un programme ne s'installe pas spontanément, voici quelques conseils qui vous aideront :

- Vous devez disposer d'un compte d'Administrateur pour installer des programmes. C'est généralement le cas du possesseur de l'ordinateur. Ceci empêche les enfants et ceux qui possèdent un compte limité ou Invité d'installer des programmes n'importe comment.

- Vous avez téléchargé un programme ? Windows 7 le stocke généralement dans le dossier Téléchargements, accessible en cliquant sur votre nom d'utilisateur, dans le menu Démarrer. Double-cliquez sur le nom du programme téléchargé pour l'installer.

- Beaucoup de programmes nouvellement installés veulent placer un raccourci sur le Bureau, dans le menu Démarrer et dans le menu Lancement rapide. Refusez toutes ces propositions hormis l'installation dans le menu Démarrer. Tous ces raccourcis finissent en effet par encombrer l'écran, compliquant la recherche d'un programme. Vous pouvez supprimer sans problème ces raccourcis superflus en cliquant dessus du bouton droit et en choisissant Supprimer.

Il est vivement recommandé de créer un point de restauration avant d'installer un nouveau programme (les points de restauration sont décrits au Chapitre 12). Ainsi, si le nouveau programme se détraque, vous pourrez utiliser la fonction de restauration du système pour rétablir l'ordinateur tel qu'il était avant l'installation du fauteur de troubles.

Éviter que Windows 7 plante

Chapitre 12

Dans ce chapitre :

- Créer un point de restauration.
- Régler Windows 7 avec les outils de maintenance.
- Sauvegarder les fichiers.
- Libérer de l'espace sur le disque dur.

Dans ce chapitre, chaque section décrit une tâche relativement facile et indispensable pour que Windows tourne au mieux. Il n'est pas nécessaire de faire appel à un passionné d'informatique car la plus grande partie de cet entretien s'effectue avec les outils de maintenance intégrés à Windows – comme le programme Nettoyage de disque pour libérer de l'espace dans un disque dur encombré – ou à des produits de nettoyage ménagers.

Vous apprendrez aussi à venir à bout de l'ennuyeux et sempiternel problème de « mauvais » pilote.

Enfin, vous découvrirez un moyen rapide de nettoyer la souris, une opération souvent négligée et pourtant indispensable si vous tenez à ce que le pointeur se déplace en douceur, sans à-coups.

En plus d'effectuer la check-list que propose ce chapitre, veillez à ce que Windows Update et Windows Defender fonctionnent en mode automatique (voir Chapitre 8). Tous deux jouent un grand rôle dans la sécurité et la fiabilité de votre ordinateur.

Créer un point de restauration

Quand votre ordinateur est mal en point, le programme Restauration du système, permet de remonter dans le temps jusqu'à une époque où l'ordinateur se portait comme un charme. Bien qu'il crée automatiquement des points de restauration, rien ne vous empêche de créer les vôtres. Un point de restauration permet de revenir à un point où votre ordinateur fonctionnait sans problème.

1. **Dans le menu Démarrer, cliquez du bouton droit sur le bouton Ordinateur et choisissez Propriétés.**

   La fenêtre Informations système générales apparaît.

2. **Dans le volet de gauche, cliquez sur le lien Protection système.**

   La fenêtre Propriétés système apparaît.

3. **Cliquez sur le bouton Créer, en bas à droite, nommez le nouveau point de restauration puis cliquez sur Créer afin de l'enregistrer.**

   Windows 7 crée un point de restauration portant ce nom.

En créant des points de restauration les jours où l'ordinateur fonctionne bien, vous saurez lesquels utiliser lorsque l'ordinateur fera des siennes.

Régler Windows 7 avec les outils de maintenance

Windows 7 contient toute une panoplie d'outils destinés à le faire tourner le mieux possible. Plusieurs sont lancés automatiquement, limitant votre intervention à vérifier des commutateurs qui doivent être sur Activé. D'autres vous préparent à échapper au pire – la perte de vos données – en sauvegardant vos fichiers. Pour voir ces outils, cliquez sur le menu Démarrer, choisissez le Panneau de configuration et sélectionnez la catégorie Système et sécurité.

Voici les outils auxquels vous recourrez le plus souvent :

- **Sauvegarde et restauration :** Le programme de sauvegarde fonctionne beaucoup mieux que celui de Vista. Comme il est livré avec Windows 7, vous n'avez aucune excuse de ne pas sauvegarder vos fichiers. Tout disque dur peut en effet tomber en panne, anéantissant tout ce qui s'y trouvait.
- **Système :** Les petits génies du support technique y font des incursions. La zone Système indique votre version de Windows 7, la puissance de votre ordinateur et l'état du réseau, ainsi que l'indice de performance de Windows.
- **Windows Update :** Ces outils permettent à Microsoft de greffer des mises à jour et des correctifs de sécurité sur votre PC, par une connexion Internet, ce qui est généralement une bonne chose. C'est là aussi que vous pouvez désactiver Windows Update, si vous le jugez utile.
- **Options d'alimentation :** Vous ne savez pas quelle est la différence entre la veille, la veille prolongée et l'arrêt ? Le Chapitre 1 l'explique. Cette partie vous laisse choisir le degré de léthargie de votre PC quand vous appuyez sur le bouton Arrêt (ou, pour les possesseurs d'ordinateurs portables, quand ils referment l'écran).
- **Outils d'administration :** L'un d'eux est particulièrement utile car il permet de libérer de l'espace dans le disque dur en éliminant tout ce qui ne sert plus à rien.

Certaines de ces tâches seront décrites plus en détail dans les prochaines sections de ce chapitre.

Sauvegarder les fichiers

Un disque dur n'est pas à l'abri des pannes et dans ce cas, il emporterait avec lui tout ce qui s'y trouvait : des années de photos numériques, de morceaux de musique, de lettres, de documents administratifs, commerciaux ou bancaires, d'éléments numérisés avec le scanner, bref tout ce que vous avez engrangé dans l'ordinateur.

C'est pour éviter une telle catastrophe que vous devez sauvegarder régulièrement vos fichiers. Vos archives seront ainsi à l'abri le jour où le disque dur rendra soudainement l'âmc.

La solution, pour prévenir cette calamité, est le programme de sauvegarde livré avec Windows, beaucoup plus convivial que son prédécesseur. Il est facile à utiliser, démarre automatiquement selon le planning que vous avez défini, et il met à l'abri tous les fichiers que vous voulez préserver.

Trois ingrédients sont nécessaires pour utiliser le programme de sauvegarde de Windows 7 :

- **Un graveur de CD ou de DVD, ou un disque dur externe :** Le programme de sauvegarde de Windows 7 grave aussi bien des CD que des DVD, mais rien ne vaut un disque dur externe. Il suffit de le brancher sur le port USB 2.0 ou FireWire, et Windows le reconnaît instantanément.
- **Un compte d'Administrateur :** Vous devez avoir ouvert une session comme administrateur.

Quand vous sauvegardez vers un disque dur externe, connectez-le avant de démarrer le programme de sauvegarde.

- **Le programme de sauvegarde et de restauration de Windows 7 :** Livré avec toutes les versions de Windows, il sauvegarde automatiquement tout ou partie de votre travail. Mais il ne fera rien tant que vous ne l'aurez pas configuré une première fois.

Ces trois éléments réunis, effectuez ces étapes afin que votre ordinateur sauvegarde vos fichiers automatiquement tous les mois (bien), toutes les semaines (c'est mieux) ou toutes les nuit (c'est parfait) :

1. **Démarrez le programme Sauvegarder et restaurer.**

   Cliquez sur le bouton Démarrer, choisissez Panneau de configuration, sélectionnez la catégorie Système et sécurité puis cliquez sur Sauvegarder et restaurer.

   Si vous avez déjà configuré le programme de sauvegarde, vous pourrez modifier ses paramètres en cliquant sur le lien Modifier la configuration. Passez ensuite à l'Étape 3 pour choisir un nouvel emplacement de sauvegarde ou modifier la planification.

Si vous ne l'avez pas encore fait, cliquez sur le lien Créer un disque de réparation, dans le volet de gauche. Vous pourrez ainsi graver un CD ou un DVD contenant un programme de réinstallation de Windows 7 à partir d'une image du système créée au moment de la sauvegarde. Inscrivez la mention *Disque de réparation Windows 7* sur le CD et conservez-le en lieu sûr.

2. **Cliquez sur le bouton Configurer la sauvegarde, en haut à droite de la fenêtre Sauvegarder ou restaurer des fichiers.**

   Le programme demande fort judicieusement où vous désirez sauvegarder les fichiers, comme le montre la Figure 12.1.

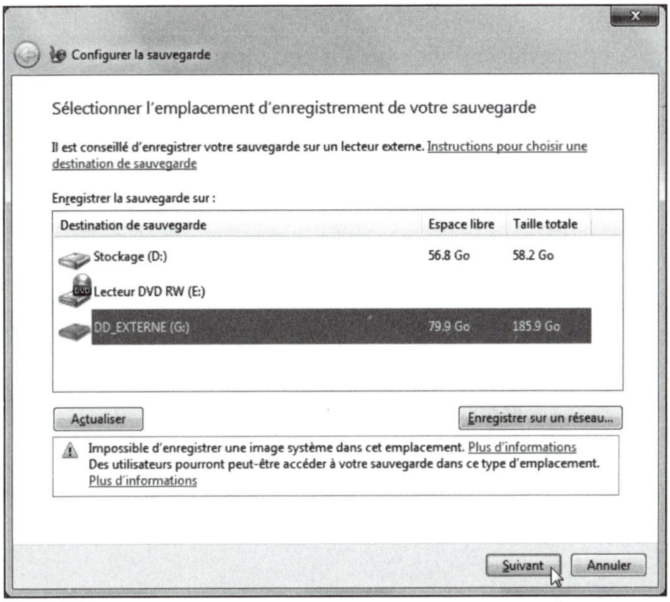

Figure 12.1 : Choisissez la destination de la sauvegarde.

3. **Choisissez l'emplacement de la sauvegarde puis cliquez sur Suivant.**

   Windows 7 est capable de sauvegarder sur presque tous les supports : CD, DVD, clé USB, disque dur externe et même sur un lecteur se trouvant sur un autre ordinateur du réseau.

   Bien que le choix dépende de la quantité de données à sauvegarder, la meilleure solution reste le disque dur externe, connecté à un port USB ou FireWire. Windows lui affecte une lettre de lecteur, après quoi il apparaît en tant qu'emplacement de sauvegarde.

   Si vous n'avez pas de disque dur externe, les CD et DVD sont une bonne solution.

4. **Choisissez les types de fichiers à sauvegarder puis cliquez sur Suivant.**

   Windows propose deux options :

- **Laisser Windows choisir :** C'est l'option la plus facile, qui sauvegarde tout : les bibliothèques Documents, Images, Musique et Vidéos, et tout ce qui se trouve sur le Bureau. Si un second disque dur, dans votre ordinateur, est réservé aux sauvegardes, le programme crée également une *image du système,* c'est-à-dire une copie à l'identique du disque dur sur lequel se trouve Windows.
- **Me laisser choisir :** Un peu plus technique, cette option permet de choisir les éléments à sauvegarder et ceux à ne pas sauvegarder.

Windows 7 sauvegarde normalement chaque dimanche à 19:00 heures, comme le révèle la Figure 12.2. Pour choisir une autre date, cliquez sur le lien Modifier la planification puis sélectionnez la fréquence, le jour et l'heure des sauvegardes automatiques.

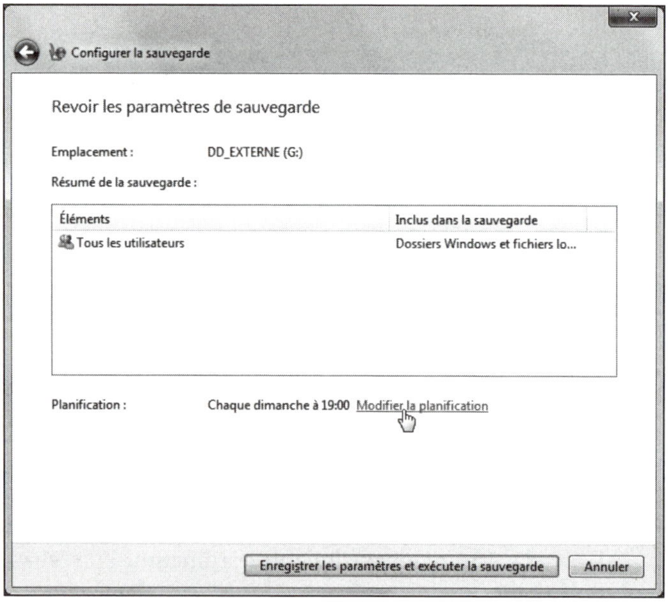

Figure 12.2 : Cliquez sur Modifier la planification pour changer la fréquence, la date et l'heure des sauvegardes.

Vous pouvez certes choisir une heure où vous travaillez sur le PC, mais les opérations de sauvegarde ralentissent l'ordinateur.

Après avoir cliqué sur le bouton Enregistrer les paramètres et exécuter la sauvegarde, Windows 7 démarre aussitôt la sauvegarde, même si ce n'est pas encore l'heure définie par la planification. C'est parce que le prudent Windows 7 tient à tout mettre en lieu sûr avant qu'un incident se produise.

5. **Restaurez quelques fichiers afin de tester la qualité de la sauvegarde.**

   Vérifiez que tout s'est bien déroulé. Répétez la première étape, mais choisissez Restaurer les fichiers. Suivez les indications de Windows 7 jusqu'à ce que vous puissiez parcourir la liste des fichiers sauvegardés. Restaurez l'un d'eux en vous assurant qu'il est copié à son emplacement initial.

Théoriquement, Windows quitte le mode Veille ou Veille prolongée pour sauvegarder le PC au cours de la nuit. Mais en réalité, certains vieux PC restent en léthargie. Si le vôtre ne se réveille pas lors d'un premier test, laissez l'ordinateur allumé à l'heure où il doit sauvegarder les fichiers. Un PC consomme assez peu de courant, surtout si vous avez pris la précaution d'éteindre l'écran.

- Windows 7 enregistre la sauvegarde dans un dossier nommé `Windows 7`, à l'emplacement choisi à l'Étape 3. Ne le déplacez pas car Windows 7 serait incapable de le retrouver lorsque vous devrez procéder à une restauration.

Libérer de l'espace sur le disque dur

Windows 7 occupe de la place sur le disque dur, mais nettement moins que Vista auquel il a succédé. Si le disque dur est très rempli et que des programmes se plaignent de ne pas avoir assez de place, cette manipulation libérera de l'espace :

1. **Cliquez sur le bouton Démarrer, choisissez Panneau de configuration, puis la catégorie Système et sécurité. Ensuite, à la rubrique Outils d'administration, cliquez sur Libérer de l'espace disque.**

   Si le PC possède plus d'un disque dur (NdT : Ou si le disque dur a été partitionné en deux unités logiques), Windows 7 demande quel lecteur doit être nettoyé. Choisissez le lecteur C: puis cliquez sur OK.

   Le programme Nettoyage de disque calcule l'espace qui peut être récupéré.

2. **Cochez les cases des éléments à supprimer puis cliquez sur OK.**

   Windows 7 présente la fenêtre Nettoyage de disque dur de la Figure 12.3. Cochez toutes les cases et cliquez sur OK. Quand vous sélectionnez l'intitulé d'une case, la rubrique Description, dans la partie inférieure de la fenêtre, explique ce que vous supprimerez.

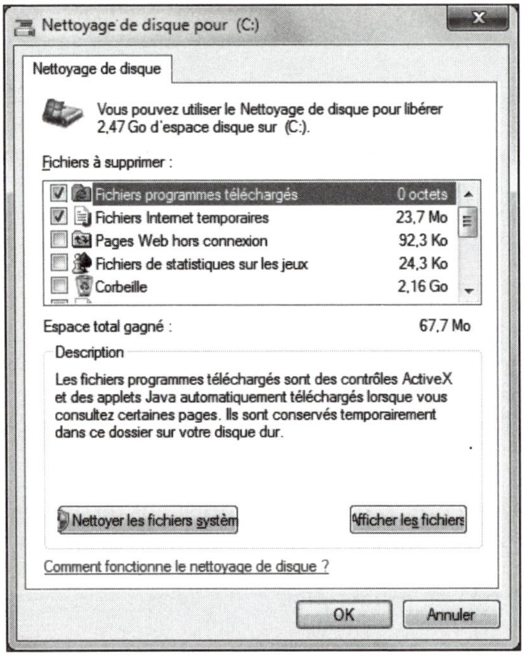

Figure 12.3 : Veillez à cocher toutes les cases.

Si le bouton Nettoyer les fichiers système est visible en bas à gauche, cliquez dessus. Windows éliminera ainsi les scories laissées pas lui, et non par vous.

3. **Cliquez sur Supprimer les fichiers, lorsque Windows 7 vous demandera confirmation.**

   Windows 7 vide la Corbeille, détruit les fichiers laissés dans l'ordinateur par des pages Web visitées et supprime bien d'autres éléments abandonnés dans le disque dur par divers programmes.

Pour accéder rapidement au nettoyeur de disque, cliquez sur le bouton Démarrer et tapez Nettoyeur de disque dans le champ Rechercher.

Index